Derniers carnets

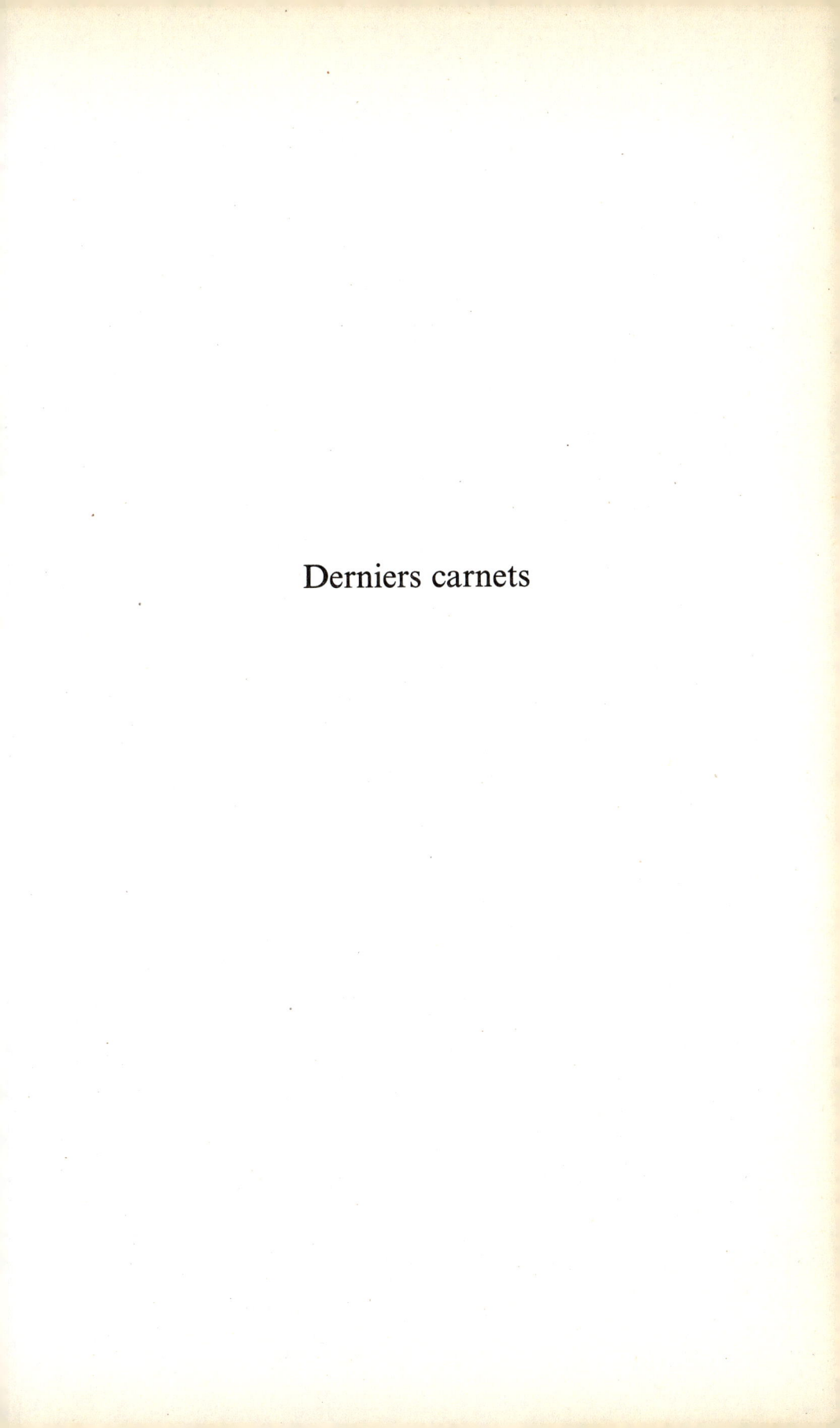

Du même auteur

Dieu, ma mère et moi, Gallimard, 2012.
M. le Président : scènes de la vie politique, 2005-2011, Flammarion, 2011 ; J'ai lu, 2012.
Un très grand amour, Gallimard, 2010 ; Folio, 2011.
Le Lessiveur, Flammarion, 2009 ; J'ai lu, 2010.
Le Huitième Prophète ou les Aventures extraordinaires d'Amros le Celte, Gallimard, 2008 ; Folio, 2009.
L'Immortel, Flammarion, 2007 ; J'ai lu, 2008.
La Tragédie du président ; scènes de la vie politique, 1986-2006, Flammarion, 2006 ; J'ai lu, 2007.
L'Américain, Gallimard, 2004 ; Folio, 2006.
L'Abatteur, Gallimard, 2003 ; Folio, 2006.
Mort d'un berger, Gallimard, 2002 ; Folio, 2004.
Le Sieur Dieu, Grasset, 1998 ; Livre de Poche, 2000 ; Folio, 2007.
François Mitterrand, une vie, Seuil, 1996, 2011 ; Points, 1997.
Le Vieil Homme et la mort, Gallimard, 1996 ; Folio, 1997.
La Souille, Grasset, 1995 ; Livre de Poche, 1997 ; Folio, 2008.
La Fin d'une époque, Fayard, 1993 ; Points, 1994.
L'Affreux, Grasset, 1992 ; Livre de Poche, 1994 ; Folio, 2008.
Le Président, Seuil, 1990 ; Points, 1991.
Jacques Chirac, Seuil, 1987 ; Points, 1995.
Monsieur Adrien, Seuil, 1982 ; Points, 1991.
François Mitterrand ou la tentation de l'histoire, Seuil, 1977 ; Points, 1990.

Franz-Olivier Giesbert

Derniers carnets

Scènes de la vie politique en 2012 (et avant)

Flammarion

© Flammarion, 2012.
ISBN : 978-2-0812-8256-8

« Le mensonge est universel. Nous mentons tous. Nous devons tous mentir. Donc la sagesse consiste à nous entraîner soigneusement à mentir avec sagesse et à propos, à mentir dans un but louable, et non pas dans un nuisible, à mentir pour le bien d'autrui, non pour le nôtre, à mentir sainement, charitablement, humainement, non par cruauté, par méchanceté, par malice, à mentir aimablement et gracieusement, et non pas avec gaucherie et grossièreté, à mentir courageusement, franchement, carrément, la tête haute, et non pas d'une façon détournée et tortueuse, avec un air effrayé, comme si nous étions honteux de notre rôle cependant très noble. Ainsi nous affranchirons-nous de la fâcheuse et nuisible vérité qui infeste notre pays. »

Mark TWAIN, *L'Art de mentir*

Prologue

J'écris toujours devant une fenêtre et, depuis quelque temps, quand je travaille sur un livre politique, j'ai de plus en plus de mal à résister à son appel : dehors, mes oliviers me réclament pour que je les taille ou les arrose.

Il fallait en tirer les conséquences : ceci est mon dernier livre politique. Je voudrais tourner la page et me consacrer uniquement aux romans ou aux biographies : la politique réveille trop de passions en moi et, d'aussi loin que je me souvienne, elle m'a toujours déçu.

Je l'ai rarement été par les personnages politiques eux-mêmes, plus romanesques les uns que les autres, mais par leur comportement dès lors qu'ils arrivaient au pouvoir : il relevait de la faiblesse, de la lâcheté ou de l'absence totale de convictions. Les succès électoraux finissent toujours par laisser un goût de cendres dans la bouche.

J'ai admiré Raymond Barre que la France a « raté », comme le disait François Mitterrand : incarnation vivante du courage politique, il n'avait peur de rien, ni du peuple, ni de la vérité, ni des corporatismes. J'ai aussi été impressionné par Pierre Mauroy qui privilégiait les intérêts du pays par rapport aux siens et qui a su faire négocier à la gauche, contre une grande partie du PS, le tournant de la rigueur.

« Ces gens-là, me disait ainsi Mauroy en 1981, à propos de Fabius, Bérégovoy, Attali et consorts, sont devenus complètement fous avec leur pseudo-marxisme d'école primaire. Quels imbéciles ! Ils sont prêts à ruiner la France ! En plus, ils ont pris le contrôle du cerveau de Mitterrand qui nous fait son Lénine ! »

Le teint rouge brique, au bord de la congestion, Pierre Mauroy me tint alors des propos qui, chaque fois que j'y pense, me réconcilient avec la politique : « Je pourrais laisser faire ou quitter le navire en douce, mais je me battrai jusqu'au bout. Je sais que je vais finir en loques, dans la boue, au fond du trou, sous les tomates pourries, mais il en va de l'avenir de la France, tu comprends. Elle vaut bien que je me sacrifie pour elle, je ne suis qu'une petite chose, après tout, et je lui dois tant. »

Rien à voir avec le maréchal Pétain qui, après la défaite de 1940, avait fait don de sa personne à la France. Il n'y avait chez Mauroy ni ego, ni calcul, ni posture. Son image ou son destin personnel étant le cadet de ses soucis, il se camoufla derrière la langue de bois et ne prit jamais les médias à témoin. Il restait d'une loyauté et d'une fidélité indéfectibles à Mitterrand qu'il aimait et entendait protéger contre lui-même.

Même s'il amorça la politique d'endettement pour payer les promesses, Mauroy était obsédé par l'idée de laisser la France dans une meilleure situation que celle où il l'avait trouvée. D'où, après les avoir relancés, la fermeture des charbonnages, qui constituaient pourtant la matrice électorale de son fief du Nord-Pas-de-Calais. D'où la désindexation des salaires et des prix, qui permit de mettre fin au cercle vicieux de l'inflation. En somme, il fut capable de voir plus loin que la prochaine élection et de transcender sa propre personne avec un désintéressement stoïque. La définition de l'homme d'État.

La France a des hommes d'État, mais elle a tendance à les mépriser, comme elle méprisait Pierre Mauroy en son temps. Elle leur préfère les ramenards, les pompeux ou les bateleurs de foire. Que d'occasions gâchées! Un jour que François Mitterrand, au couchant de sa vie, me faisait l'éloge d'Alain Juppé qui, dans un gouvernement de cohabitation avec la droite, était son ministre des Affaires étrangères, il avait conclu, avec un sourire indéfinissable, que celui-ci n'arriverait jamais à rien.

« Mais vous venez de me dire que c'était quelqu'un d'exceptionnel! protestai-je.

— Justement. Il a trop le sens de l'intérêt général pour réussir. »

C'était une boutade, mais elle exprimait une vérité profonde. L'idée qu'il y a une sorte d'injustice immanente qui, en France, ne donne pas sa chance aux meilleurs et où les plus sérieux, les Rocard ou les Fillon, ne sont, paraît-il, pas présidentiables.

L'avenir dira si François Hollande était le meilleur mais, à l'évidence, il n'était pas le plus médiatique de la présidentielle de 2012. Il y a chez lui quelque chose d'humble et d'équilibré qui rompt avec cinq ans de sarkozysme flamboyant et foutraque. Sans oublier qu'il a l'intelligence de savoir toujours rester à sa place : l'Histoire n'a cessé de montrer que ça n'était pas donné à tout le monde.

Le 6 mai 2012 fut la victoire de notre ascendant nordiste, j'allais dire belge et pourrais ajouter scandinave, sur notre vieux fond latin. Le retour à la réalité. La fin du clinquant et du culte des apparences. Avec ce livre, j'ai voulu raconter en toute sincérité, sans fausse honnêteté, avec mes mots crus, comment et pourquoi la France a pu accoucher de Hollande.

1
Déjeuner à l'Élysée

« Bienheureux les fêlés, car ils laisseront passer la lumière. »

Michel AUDIARD

Il y a des jours où, sous l'effet de la canicule, le monde se liquéfie, les chemises et les caleçons vous collent à la peau, les pieds à demi cuits clapotent dans les chaussures mouillées, comme des sardines dans leur huile.

Ces jours-là, je pue. Tout le monde pue, mais j'ai toujours le sentiment de puer davantage que les autres, obsédé que je suis par l'odeur de mes dessous de bras, une odeur d'orange pourrie qui aurait macéré dans une flaque d'urine. Elle me donne envie de disparaître.

Le 1er juillet 2011 était un jour comme ça, à partir à la mer ou à se jeter dans la Seine. Nicolas Sarkozy m'avait invité à déjeuner à l'Élysée avec son conseiller Jean-Michel Goudard. Il ne faut jamais voir Sarkozy seul. C'est le genre de personnage qu'on ne rencontre pas sans témoin. Sinon, il risque de vous prêter, par la suite, des propos que vous n'avez pas tenus et qui vous saliront.

Avec lui, je n'accepte donc de déjeuner qu'en compagnie de Jean-Michel Goudard, un vieil ami qui avait fait la campagne de Jacques Chirac en 1995 avant de lui tirer sa révérence après l'élection. Ex-roi de la pub mondiale, ancien pilier du Crazy Horse, c'est un personnage solaire, perpétuellement habité par cette euphorie propre aux grands désespérés, qui aime Sarkozy d'un amour vrai, comme les parents peuvent aimer leurs enfants tyranniques et surdoués. Ce septuagénaire est le communicant en chef de l'Élysée où il est bénévole. Il souffre d'une maladie auto-immune, le pemphigus, qui provoque des lésions sur la peau. J'ai peur pour lui, mais rien, jamais, ne lui fait perdre son sourire.

Je me suis souvent dit que Sarkozy ne devait pas être si mauvais pour être aimé à ce point par un homme comme Goudard qui, depuis l'élection de 2007, a sans arrêt cherché à le protéger contre lui-même et sa volonté de se montrer. Si quelqu'un a eu une influence positive sur le président, c'est bien lui.

Il a, de surcroît, le nez creux. Un soir, je l'avais invité à dîner avec François Hollande pour qu'il me dise ce qu'il pensait de lui. C'était en 2009, son éventuelle candidature semblait une blague. Pendant tout le repas, Jean-Michel Goudard avait soupesé la bête en professionnel, avec un œil de maquignon, avant de laisser tomber : « Intelligence supérieure. Beaucoup de brio, de charme et de vitalité. Il y a du Chirac là-dedans, mais sans la boulimie ni les excès. Franchement, ça peut le faire. » Puis : « Il n'a qu'un problème, un seul. C'est son image de mollesse et de gentillesse. Les Français ne voteront jamais pour quelqu'un qu'ils soupçonnent d'être mou ou gentil. S'il travaille bien ça, il fera un excellent candidat. »

Ce 1er juillet 2011, Goudard n'avait rien dit pendant le déjeuner à trois qui s'était déroulé sur la terrasse du palais de l'Élysée, avec vue sur le jardin où les grands arbres, figés par la chaleur, ne bougeaient pas une feuille. Quant à moi, j'avais à peine ouvert la bouche. Mais il est vrai que déjeuner avec Sarkozy consiste à l'écouter parler. Il fait les questions et les réponses.

Je l'écoutais tout en pestant contre le mauvais goût culinaire du président qui croyait qu'il me ferait avaler, en plein cagnard, des carottes naines entrelardées de jambon nageant dans une sauce à la béchamel et, à en croire la couleur, au curry. Je préférais ne pas y toucher, prêt à lui répondre, au cas où il me demanderait pourquoi, que mon végétarisme m'interdisait de toucher à la viande de porc, le cochon étant, depuis mon enfance à la ferme, mon frère de cœur et de sang.

Mais il ne m'interrogea pas. Depuis un quart de siècle que je le connais, je ne l'ai jamais vu s'intéresser à ce qu'il y a dans l'assiette des autres, ce qui n'était le cas ni de Mitterrand ni de Chirac, qui m'avait invité un jour, avec des airs de conspirateur, dans un petit restaurant pour ouvriers du bâtiment dont il s'était amouraché : « La Galoche d'Aurillac », près de la Bastille, à Paris. Je me souviens qu'il avait commenté avec un lyrisme débridé, au milieu des hommes en blouse, couverts de plâtre et de ciment, chaque plat et chaque produit, des lentilles du Puy aux petits chèvres coulants.

« Ces petits chèvres bien faits, s'extasiait Chirac, c'est le petit Jésus en culotte de velours qui vous descend dans le gosier. »

Pareil propos eût été inimaginable dans la bouche de Sarkozy. Je ne le vois pas faire l'article pour un bistro de ce genre qui sentait le fauve, avec des toilettes à la turque. De surcroît, en matière gastronomique, je crois que ses connaissances s'arrêtent au fast-food, aux fromages blancs pasteurisés et aux chocolats fourrés.

C'est ainsi qu'en plus du reste, de l'endettement national ou de la morale publique, Sarkozy avait mis à mal l'une des meilleures tables de France, celle de l'Élysée, que tous ses prédécesseurs avant lui avaient portée très haut, conscients que c'était la vitrine de la cuisine française. Je me rabattis sur le vin, mais lui-même était très moyen.

La moutarde me montait au nez et je me disais que Sarkozy n'était pas pour rien dans cette campagne stupide sur le déclin de la cuisine française, menée par quelques critiques gastronomiques anglo-saxons en mal de publicité. Malheur au président qui ne respecte pas la cuisine nationale : c'est qu'il ne respecte pas son propre peuple. Une espèce de folie me gagnait.

« Connard de fossoyeur, éructai-je intérieurement en fixant le plastique opaque de ses lunettes noires. Tu as finalement tout saccagé, dans ce pays. Les finances publiques et même la gastronomie. »

Les voix qui me parlent dans la tête.

J'ai toujours des voix qui, quand elles ne hurlent pas, me parlent dans la tête. En tout cas, au moins deux. Celle de l'éthique et celle du métier. Celle de la vérité et celle du réalisme. Celle du yin et celle du yang. Il y eut un vrai débat entre elles.

Une des voix me disait : « Si tu penses que le président est le naufrageur du pays, qu'est-ce que tu attends pour le lui signifier et te casser ? Allez, tire-toi, sois un homme, pour une fois.

— Non, je suis journaliste, répondait l'autre moi-même.

— Je ne te félicite pas.

— C'est mon métier.

— Tu as vu ce qu'il te fait faire, pauvre trou du cul ? »

Mes fulminations intérieures augmentèrent encore quand, d'une voix mielleuse, Sarkozy commença à débiter sa litanie des mensonges. Après avoir célébré son bilan économique que le monde entier nous envie, il osa dire : « Je ne contrôle pas et je ne cherche pas à contrôler les médias. Certes, j'ai pu avoir cette tentation dans le passé, mais je n'y cède plus. C'est une erreur d'être tout le temps obsédé par ce que les médias racontent : ça n'a pas d'importance, ça passe, ça glisse, mieux vaut ne pas se prendre la tête avec ce qu'ils disent.

— Bonne nouvelle », dis-je.

Il ne perçut pas l'ironie. Les égotiques compulsifs ne perçoivent jamais l'ironie, fût-elle lourde. J'aurais dû le savoir. Pas le temps d'improviser une autre vanne, le président poursuivait sur un ton confidentiel :

« L'autre jour, Fogiel est venu me voir pour me demander de l'aider à revenir à France Télévisions. Je lui ai répondu que je ne pouvais rien faire pour lui et qu'il devait prendre rendez-vous avec Pflimlin, pas avec moi. Je suis la dernière personne à qui il faut demander un coup de main. Chacun son travail, tu comprends. Je ne m'occupe pas de la télé ni de la presse. »

C'était donc ça : le chef de l'État m'avait invité à déjeuner pour m'assurer qu'il n'était pour rien dans l'arrêt de mon émission culturelle *Semaine critique*, avec un vrai petit génie, Nicolas Bedos, alors qu'il avait réclamé mon limogeage de la télévision publique, pendant des années, à Patrick de Carolis, le prédécesseur de Rémy Pflimlin.

Sarkozy : « Je suis le premier président qui laisse faire les médias ! »

J'avais tourné la page de *Semaine critique*, Rémy Pflimlin m'avait ouvert d'autres horizons en m'envoyant sur la 5, chez Bruno Patino, et il ne me serait pas venu à l'idée de me plaindre de mon sort, c'eût été indécent.

S'imaginait-il, ce malotru de président, que j'allais évoquer avec lui mon avenir télévisuel, personnel ou littéraire, et que j'accepterais de lui devoir quelque chose ? Pour qui me prenait-il ?

« Hélas, pour un journaliste, me disait l'une des voix. Claque-lui le beignet.

— Non, répondait l'autre. Lèche-lui le cul. Il aime ça et tu as encore beaucoup de trucs à tirer de ce con-là. Attends au moins qu'il te file une info. »

J'ai le vin non pas gai, mais heureux. J'en avais tellement abusé au cours de ce repas que j'étais au sommet de la béatitude et de l'empathie, comme ces confrères interviewers officiels qui boivent les paroles présidentielles avec des regards fusionnels de midinettes amoureuses.

Il croyait que c'était à cause de lui. Mais c'était à cause du vin que j'avais picolé, malgré sa médiocrité. J'avais l'air si soumis qu'il se sentit assez en confiance pour me livrer de lourds secrets d'État :

« Il a été écrit que je voulais virer Patrick Sébastien. Eh bien, ça n'est pas vrai. Je l'ai fait venir et je lui ai dit qu'il n'avait rien à craindre de moi.

— Je croyais qu'il t'avait énervé dans le passé, avec des propos sévères, hasardai-je avec un sourire non dénué de fourberie.

— J'adore ses émissions. »

Je redoutais qu'il n'évoquât, dans la foulée, son panthéon télévisuel au sommet duquel trône Patrick Sabatier sur qui il aime tant faire l'article, mais il y eut un silence. Très court : avec lui, le silence n'excède jamais trois secondes. Sans doute me tendait-il une perche pour que je mette mon cas sur la table et pleurniche sur mon sort. Mais j'avais bien supporté la suppression de mon émission. Ce n'était que de la télé. Je ne me sentais ni proscrit ni pestiféré. J'étais au comble de l'épanouissement.

J'avais tout ce qu'il fallait. Une femme que j'aimais d'amour vrai. Des enfants dont j'étais fier. Plein de projets de livres. Des oliviers en Provence. Un appartement dans le IXe, comme celui de mes premières années dans la capitale, avant qu'une vie sentimentale chaotique me transforme en un personnage aussi fauché que comique. « Fais gaffe, m'avait dit un jour Villepin. Avec une vie privée comme la tienne, tu n'inspires pas confiance, tu ne pourras jamais aller loin, tu inquiètes les gens, tu les fais rigoler aussi, il faudrait que tu te poses si tu veux vraiment réussir. »

Je m'attendais à ce que Sarkozy me demande ce qu'il pouvait faire pour moi, mais non, il se contenta de laisser tomber :

« Tu vois, j'ai pris beaucoup de hauteur, ces derniers temps. Je laisse faire les médias. Je suis le premier président qui les laisse faire. »

Il avait proféré cette énormité sur un ton modeste et pénétré, qui ne lui seyait pas du tout. Ses lunettes noires de star ou de caïd en goguette m'interdisaient de vérifier s'il me regardait alors dans les yeux, mais c'eût été encore plus lamentable.

Il crut nécessaire de solliciter mon onction :

« N'est-ce pas que j'ai raison ? »

Je n'ai pas répondu. Sa confiance en lui et son complexe de supériorité lui avaient décidément fait perdre la raison : il mentait si mal qu'il en était ridicule, il avait perdu la main. C'est ce jour-là que j'ai acquis la conviction qu'il ne serait pas réélu à la présidence de la République.

Mentir est un métier : jusqu'à présent, c'était le sien.

N'étant plus capable de bien mentir après trop d'années de duperie et de tromperie, il était temps qu'il change de métier. Mais il ne savait rien faire d'autre.

2
Le bal des menteurs

> « Le mensonge n'est pas haïssable en lui-même, loin de là, mais parce qu'on finit par y croire. »
>
> Marcel ARLAND

Pourquoi tant de haine ? Sarkozy ne méritait pas ça. Je m'en voulais de m'être mis dans un état pareil devant le chef de l'État. Un bouillonnement de ruminations et d'éructations rentrées.

Il était clair que ce président à cran avait besoin de Valium ou de Lexomil mais, franchement, moi aussi. Avant que je prenne congé de lui, mon cœur cognait à grands coups contre ma cage thoracique, comme s'il voulait en sortir.

C'était stupide et, en plus, je lui faisais trop d'honneur. Avec Sarkozy, il était temps que j'apprenne à contenir ce genre de colère qui, selon certaines autorités médicales, peut être hautement cancérigène.

Il ne fallait pas que je le voie trop souvent : ce jobastre risquait de réveiller mon cancer que je croyais avoir maté, mais qui bougeait encore, je le sentais, après cette visite à l'Élysée. J'avais une boule dans le ventre et les tempes qui chauffaient. J'eus une brusque envie de Vabé, mon rivesaltes préféré. Avec des glaçons, pour me refroidir la cervelle.

Il fallait que je me reprenne : j'avais tous les symptômes de cette maladie ridicule qui affecte tant de Français, la sarkophobie, qui se traduit par des troubles obsessionnels compulsifs et donne un air étrange d'agité du bocal à ceux qui en sont atteints.

Je lui en voulais à peine de ses calomnies répétées à mon endroit et de sa volonté inextinguible de mettre fin le plus vite possible à ma carrière professionnelle qui s'achevait : c'était de bonne guerre et je pouvais en tirer gloire. De plus, vu mon âge, il s'était mis dans la situation, un peu grotesque, de celui qui veut assassiner un moribond.

Professionnellement, je n'en avais plus pour longtemps. Lui non plus, il est vrai. En fait, je lui en voulais surtout de n'avoir pas arrêté la dégringolade de la France qui, depuis trente ans, à force d'incurie, de bêtise et de laxisme, était entrée dans la catégorie des pays à la ramasse. J'étais même convaincu qu'en ne prenant pas les bonnes décisions dès son arrivée au pouvoir, en 2007, il avait accéléré notre déclin.

Sarkozy avait coûté cinq cents milliards à la France, comme j'allais bientôt l'apprendre dans un livre dont la démonstration était irréfutable[1]. Cinq cents milliards d'endettement supplémentaire sous son règne, certes à cause de la crise mais pas seulement, loin de là, cela prouvait bien qu'il était un politicien à la petite semaine, incapable de se dépasser, ni de voir plus loin que le prochain sondage.

---

1. *Un quinquennat à 500 milliards d'euros, le vrai bilan de Nicolas Sarkozy*, par Mélanie Delattre et Emmanuel Lévy, Fayard, Mille et une nuits, 2012.

Il avait pourtant tout pour redresser la France. Le diagnostic. Le charisme. L'énergie vitale qui avait donné au pays l'envie de quitter le lit où l'avait cloué un congé maladie de trente ans. Mais il avait tout gâché par égotisme, en faisant son Louis XV, avec l'obsession d'être populaire, sans essayer vraiment de s'attaquer aux déficits et à l'endettement. Aujourd'hui, après un tel fiasco, il s'était réfugié dans l'autocélébration et le déni de réalité.

Il s'était hissé sur une montagne de mensonges d'où il dominait l'univers et lui donnait ses ordres. Il faisait penser à tous ces originaux qui, dans leur village, jusqu'à l'aube du XXe siècle, se prenaient pour Napoléon.

Mais François Hollande n'était-il pas aussi un menteur ? Tous les politiciens ne sont-ils pas par définition des conteurs de sornettes ? Je me souviens encore du regard de Jacques Chirac quand il m'avait juré qu'il n'avait jamais dîné avec François Mitterrand pour comploter contre Valéry Giscard d'Estaing dans la perspective de l'élection présidentielle de 1981.

« Je vous donne ma parole d'honneur. »

Il m'avait tapé dans la main, paume contre paume. Son ton de voix était si solennel et il semblait si convaincu que j'ai tout de suite su qu'il mentait effrontément, ce que je pus vérifier les mois suivants, après que les autres participants au dîner eurent cassé le morceau.

L'art du mensonge chez Mitterrand.

François Mitterrand aussi m'avait enfumé mais, dans son cas, je n'y avais vu que du feu. Il mentait négligemment, l'air de rien. Un artiste, dans ce domaine-là aussi. Quand je préparais ma première biographie sur lui, au début des années 70, il m'avait raconté, avec moult détails et des trémolos dans la voix, comment il avait suivi avec émotion la montée de la gauche, puis la victoire du Front populaire, en 1936, alors qu'il participait à l'époque aux manifestations de l'extrême droite au sein de laquelle il militait, ce qui fut établi plus tard.

« Vous m'avez ridiculisé, lui dis-je un jour, longtemps après.

— Et ça vous a posé un problème ?

— Un peu.

— Vous n'aviez qu'à vérifier.

— Je vous croyais.

— Je préférais cette histoire-là à l'autre, vous comprenez ? »

De Mitterrand, on peut cependant tout dire, sauf qu'il n'avait pas de conscience. Il avait ainsi soulagé devant moi sa culpabilité judéo-chrétienne quelques mois après avoir proféré un gros mensonge devant les Français, lors de son débat télévisé avec Chirac, le 28 avril 1988, à dix jours du second tour de l'élection présidentielle qui opposait les deux hommes. C'était à propos de l'affaire Gordji, pseudo-diplomate iranien, suspecté d'avoir trempé dans la vague terroriste qui avait ensanglanté la France en 1986, et que les autorités avaient laissé filer, ce qui avait provoqué une polémique.

Après que, dans ce face-à-face, Chirac lui a reproché d'avoir fait libérer, en 1981, les chefs d'Action directe qui, ensuite, ont commis des assassinats, Mitterrand l'attaque sur sa « faiblesse » supposée envers Gordji :

« Je suis obligé de dire que je me souviens des conditions dans lesquelles vous avez renvoyé M. Gordji après m'avoir expliqué, à moi, dans mon bureau, que son dossier était écrasant... »

Chirac, estomaqué : [...] « Est-ce que vous pouvez dire, en me regardant dans les yeux, que je vous ai dit [...] que Gordji était coupable de complicité ou d'action alors que je vous ai toujours dit que cette affaire était du seul ressort du juge [...] ? Pouvez-vous vraiment contester ma version en me regardant dans les yeux ? »

Alors, Mitterrand : « Dans les yeux, je la conteste. »

Seize mois plus tard, le 18 septembre 1989 exactement, alors que, dans son bureau de l'Élysée, je refaisais le monde avec Mitterrand réélu, en prévision de la nouvelle biographie que je préparais sur lui, il s'arrêta, soudain, et me dit sur le ton de la confidence :

« J'ai quelque chose d'intéressant pour vous. En fait, figurez-vous, je n'ai jamais entendu Chirac affirmer que le dossier Gordji était "écrasant". Ce sont ses ministres, Pasqua et Pandraud, qui me l'ont dit. Pas lui. »

Il commença à me raconter comment les choses s'étaient passées, s'interrompit au bout d'une minute ou deux et me demanda de vérifier si le magnétophone que j'avais posé devant lui avait bien fonctionné.

« J'ai un deuxième magnétophone en marche, dis-je, il n'y a rien à craindre.

— Vérifiez quand même, insista-t-il. On n'est jamais trop prudent. »

Quand François Mitterrand eut terminé son récit, il me demanda de vérifier une nouvelle fois qu'un de mes appareils au moins avait bien enregistré ses propos. Il voulait être sûr que sa mise au point en forme de mea culpa fût gravée à jamais, pour l'Histoire.

Un homme si « normal » qu'il en devient anormal.

Je n'ai encore jamais surpris François Hollande en flagrant délit de mensonge mais il me semble toutefois qu'il lui manque quelque chose pour être un grand menteur à la Mitterrand, Chirac ou Sarkozy. Il lui manque l'obsession de convaincre, de terrasser, de gagner. La folie.

Tous les grands personnages politiques sont fous mais tous les fous ne sont pas des grands personnages politiques. C'est ce que j'avais toujours cru avant de rencontrer François Hollande, un homme en effet « normal », comme il s'est défini lui-même. Si normal au demeurant qu'il paraît anormal dans le paysage.

Je me souviens avec précision de notre première vraie rencontre. Il m'avait invité à déjeuner à la maison de l'Amérique latine pour me remercier de la une du *Point* qui venait de le sacrer « homme de l'année 2004 », après les dernières victoires électorales du PS.

Jusque-là, je n'avais jamais été tenté de voir Hollande en tête à tête. À mes yeux, il n'était qu'un petit malin, repéré par Jospin, qui avait su tailler sa route dans l'écheveau de la gauche. Un technocrate social-démocrate comme la France en a tant produit. Passe-muraille, aucune aspérité. Avec ça, ancien élève de l'ENA. Un rogaton de l'*establishment*.

Mais avec cette ironie aiguë qui en est le marqueur, il m'avait tout de suite semblé d'une intelligence très au-dessus de la moyenne. Ce qui ne prouve rien, j'en conviens.

J'ai passé ma vie professionnelle à écouter des sommités que leur esprit et leur talent n'avaient pas empêché de devenir bêtes à manger du foin. Rien de plus sot qu'une personne brillante et cultivée dès lors qu'elle laisse la vanité mener ses pas. Souvent, il n'y a pas plus con qu'un génie.

François Hollande m'avait cependant tout de suite intéressé. Il n'est pas menacé par la vanité, bien au contraire. C'est une faiblesse : il ne donne pas le sentiment de s'admirer ni de croire en lui alors que, comme le disait drôlement Jacques Chirac, un chef, c'est d'abord fait pour « cheffer ».

Mais cette humilité est aussi une force : la vanité fige, elle enferme, elle abêtit. Monstre de souplesse, François Hollande est un homme subtil et agile ; il n'a pas le lourd fardeau d'un ego à porter. Il est perpétuellement disponible. Il y a du singe en lui, un singe savant, toujours prêt à changer d'arbre ou de branche.

La France qui s'endette pour travailler moins.

Lors de ce déjeuner, François Hollande m'apparut, autant que je pus en juger, aussi posé qu'équilibré. Je sais que ces deux adjectifs n'ont pas bonne presse en politique où pullulent surtout les Lilliputiens avantageux, les fats sonores, les doux rêveurs, les ploutocrates populistes ou les fanfarons de basse-cour. Ils ont rarement le physique de leurs idées et leur horizon ne dépasse guère le lendemain.

Ce jour-là, j'avais découvert un homme avec une vision qui parlait de la France comme d'une personne. Il avait même fait écho, en les nuançant, à mes fulminations contre les 35 heures :

« C'est avec ce genre de mesures, éructai-je, que l'on précipite dans le déclin un vieux pays fatigué comme la France.

— Ce n'est pas tout à fait ce que je dirais...

— Avec les 35 heures, le civisme consiste désormais à travailler moins et non pas davantage, comme nous devrions le faire au moment où l'Asie se réveille. C'est une histoire de fou ! »

J'avais haussé le ton. Quand je parle des 35 heures, je perds souvent mon sang-froid et, si on me contredit, ma bonne éducation. J'avais peut-être même des palpitations et il est probable que nos voisins de table se retournaient pour regarder avec étonnement l'excité qui s'époumonait devant son assiette.

« C'est une honte, m'écriai-je, une bêtise monumentale et une mauvaise action contre la France ! Au train où vont les choses, on finira par envoyer au tribunal, puis en prison, ceux qui travaillent tard le soir pour expédier, le jour prévu, leurs commandes à l'étranger. Vous verrez, on y viendra ! »

Je me souviens de cette époque, heureusement révolue, juste après le vote de la loi Aubry où les inspecteurs du travail faisaient le tour des entreprises pour vérifier que toutes les lumières étaient bien éteintes dans les bureaux après 20 heures. Où ils confisquaient les portables de travail pour s'assurer qu'ils n'étaient pas utilisés le week-end. Où les salariés devaient remplir chaque mois des papiers et les signer pour certifier qu'ils ne travaillaient pas plus que le temps légal.

Le travail, disait Oscar Wilde, c'est le refuge des gens qui n'ont rien de mieux à faire. En plus, c'est fatigant, ce qui prouve bien, du moins aux yeux des Français, que ce n'est pas une activité naturelle. Ils sont ainsi devenus les rois des RTT, des récupérations et des congés maladie. Je ne crois pas n'avoir utilisé, ce jour-là, que des arguments de haut niveau.

« C'est un hold-up sur les générations futures, poursuivai-je d'une voix de stentor. Pour assurer la compétitivité des entreprises, l'État subventionne la réduction du temps de travail : ces 35 heures coûtent à la collectivité des milliards et des milliards que nous empruntons sur les marchés. En somme, nous nous endettons pour travailler moins ! Il faut oser le faire ! »

Un seau d'eau glacée m'aurait fait du bien mais je continuai à me monter le bourrichon tout seul :

« Ce sont donc les générations futures qui, demain, travailleront afin de rembourser les dettes que nous avons contractées pour travailler moins ! Nos enfants et nos petits-enfants qui trimeront pour payer la facture que nous allons laisser par bêtise et fainéantise ! Vous vous rendez compte ? Mais c'est immoral, to-ta-le-ment immoral ! Est-ce que nous pourrons les regarder dans les yeux ? »

« La gauche a rompu avec la valeur travail. »

Hollande ne comprenait pas que je me mette dans un état pareil, mais je sentais bien que j'étais sur un terrain favorable. Il opinait du chef avec un air de commisération qui aurait presque pu passer pour de l'approbation. Il finit par m'interrompre d'un geste d'apaisement.

« C'est une histoire compliquée, dit-il, bénisseur. Les 35 heures sont populaires dans nos rangs mais, il ne faut pas se le cacher, elles nous posent un problème grave : elles ont fait rompre la gauche avec la valeur travail qui, depuis Jaurès et même avant, était partie intégrante de notre identité. »

Quand il s'attarda sur la conception du travail de Jaurès, il me conquit instantanément parce que, malgré toutes ses erreurs, je voue, depuis mon enfance, un culte au fondateur de *L'Humanité*. Je l'aime à cause de la haine qu'inspirait son internationalisme enragé et qui faisait dire à Charles Péguy qu'il était un agent du parti allemand ou à Léon Daudet qu'il était « une misérable et méprisable chiourme » du « grand Juif, celui du ghetto d'or ». Je l'aime aussi à cause de son sens de la repartie qui n'avait d'égal, en son temps, que celui de cette teigne de Clemenceau qui disait : « On reconnaît une phrase de lui à ce que tous ses verbes sont au futur. »

« La gauche, conclut Hollande, a toujours exalté et célébré le travail. C'était son socle. Depuis, elle l'a perdu. »

Quelques jours plus tard, Hollande était au premier rang d'une manifestation contre le pseudo-démantèlement des 35 heures, effectué sous la présidence de Jacques Chirac. Ce n'était pas de la duplicité : en tant que premier secrétaire du PS, il accompagnait le mouvement. Il était leur chef ; donc il les suivait. Je ne pouvais lui en vouloir : la politique a ses raisons…

Au café, la conversation était partie sur Churchill, l'un des plus grands personnages de tous les temps, dont je connais le répertoire sur le bout des doigts. Il avait ri de bon cœur quand j'avais cité l'une de ses nombreuses saillies contre la gauche : « Christophe Colomb était le premier socialiste ; il ne savait pas où il allait, ignorait où il se trouvait et faisait tout ça aux frais des autres. »

Après le repas, en regardant Hollande s'éloigner sur le boulevard Saint-Germain pour rejoindre le siège de son parti, j'ai pensé que je venais probablement de déjeuner avec un futur président de la République. Je ne galèje pas : j'avais découvert quelqu'un qui dominait ses sujets et habitait au-dessus de lui-même, comme le confirmait son œil perpétuellement malicieux. Un homme calme et posé, qui n'était pas perverti par la fièvre narcissique qui brûle tant de politiciens, particulièrement les présidentiables, presque toujours bluffeurs et logomachiques. C'était un homme tranquille, j'allais dire sain, qui n'avait jamais rien traficoté avec des amis véreux et qui ne pourrait jamais s'écrier comme Napoléon à Sainte-Hélène : « Quel roman que ma vie ! »

Il était, de surcroît, la personnification et la quintessence de l'homme français, tel que l'avait défini l'écrivain américain William Styron en décrivant ainsi François Mitterrand en 1981 : « Dans son costume sombre, il se fondrait dans n'importe quelle foule parisienne aussi anonymement qu'un professeur de lycée, un avocat ou même le propriétaire d'un restaurant. Il avait incontestablement l'air d'un citoyen comme les autres[1]. »

Ce n'était pas le problème de François Hollande. C'était, au contraire, sa chance.

---

1. *The Boston Globe*, le 26 juillet 1981.

3
Le fantôme de Mitterrand

« On est toujours l'enfant de quelqu'un. »
Beaumarchais

La meilleure façon de ne pas se tromper, c'est de prendre le contre-pied des perroquets du parisianisme. Ils ont toujours le chic pour se tromper. Après s'être amourachés d'Édouard Balladur et de tant d'autres fausses valeurs, ils s'étaient épris de Dominique Strauss-Kahn, qui se présentait pour faire plaisir à sa femme. Une grosse blague aux poches bien bourrées, le ventre avantageux, les yeux vides, incarnation du laisser-aller moral et physique, avec un charisme de motte de beurre. Un chef de rayon noctambule et dilettante, qui, pour un bon pourboire, aurait vendu la France. Y compris la tour Eiffel.

Par Dieu sait quel mystère, il avait tout le monde pour lui. Le CAC 40. Les médias. Les socialistes. Les rentiers. Les élégances parisiennes. Pas mal d'intellectuels. Les bourgeois. Les artistes. La plupart de mes potes. Il ne lui manquait que la victoire qui, de toute façon, était écrite, tous les politolocailleurs de France en convenaient. Une grande partie de la presse était déjà à sa botte et buvait ses paroles qu'il laissait tomber d'une voix traînante, grasseyante, entre deux repas bien arrosés. C'était plié, il n'avait pas à se fatiguer, ce qui ne lui serait au demeurant pas venu à l'esprit. Depuis le temps qu'il faisait illusion sans même bouger le petit doigt. Quant à sa femme, Anne, elle se voyait déjà en présidente, donnant ses instructions à la planète entière, assouvissant enfin son hubris de pouvoir. Les Thénardier de la gauche, selon Sarkozy.

Rares étaient ceux qui avaient prévu que DSK ne se présenterait pas. Alain Minc avait prophétisé son retrait après lui avoir fait le « test du ris de veau ». À l'automne 2009, il avait invité Anne et Dominique Strauss-Kahn à dîner à « L'Ambroisie », place des Vosges, l'un des meilleurs restaurants de la capitale. Le prétendu présidentiable avait pris des œufs à la truffe, puis du ris de veau, sans parler du reste.

Le lendemain, Alain Minc avait appelé Nicolas Sarkozy :

« Il ne sera pas candidat, j'en suis sûr.

— Pourquoi ?

— Je lui ai fait le test du ris de veau.

— Tu déconnes ! Qu'est-ce que c'est ?

— Un type qui prend du ris de veau ne contrôle pas son poids. Il ne peut donc pas être candidat à la présidence. »

Un type trop sûr de lui non plus ne peut pas être candidat. Dominique Strauss-Kahn avait pronostiqué que les primaires socialistes seraient une promenade de santé, à peine une formalité. Certain de son coup, il distribuait les postes quelques jours encore avant l'affaire du Sofitel de Times Square. Il y en avait pour tout le monde. Sauf pour François Hollande, ce rebut, cette rognure, qui avait osé le défier. Un caillou dans sa chaussure.

« Un rigolo, tranchait-il. On va le remettre à sa place vite fait. N'importe comment, s'il m'emmerde, celui-là, je l'écrase. »

L'homme qui n'a aucun ego.

« Vous imaginez Hollande président ? demandait alors en écho Fabius, heureux de sa plaisanterie. On rêve. »
À l'époque, quand je prédisais à la ronde que François Hollande serait le prochain candidat de la gauche et, dans la foulée, le futur président, ça jetait un froid, on me lançait des regards apitoyés, comme si j'étais devenu du gibier de psychiatres.
« Qu'est-ce que tu lui trouves ? me demandait-on avec compassion. C'est rien, ce type. Strauss-Kahn n'en fera qu'une bouchée et il retournera dans le néant qui est son élément.
— Il est sympa. »
Je ne savais quoi répondre d'autre. Un jour qu'il était venu dîner à la maison, pendant l'été 2011, j'ai eu la révélation. Il y avait là de vieux amis, Régis et Isabelle Debray, ainsi qu'Emmanuel Todd. François Hollande n'avait pratiquement pas parlé du repas. Il avait posé des questions, puis écouté les réponses avec des airs d'enfant studieux. Il ne s'était engagé sur rien.
C'était l'homme qui ne sait pas. Ce soir-là, il semblait même avoir tout à apprendre. Dans des circonstances semblables, Sarkozy aurait parlé tout le temps. Il aurait même expliqué à mes invités leur métier, leurs disciplines, l'avenir des sciences humaines. Quant à Chirac ou Mitterrand, sans forcément tenir le crachoir, ils auraient tout de suite pris le contrôle de la table comme j'essaie moi-même souvent de le faire. Pas Hollande. Il s'en fiche. Il n'a aucun ego.

Tous les DRH des grandes entreprises le savent : les recrues les plus performantes pour des postes exécutifs ont toujours zéro ego. Du coup, elles peuvent jouer avec les ego de leurs subordonnés et les manipuler. Elles tirent ainsi le meilleur de chacun. Pourquoi, alors, choisissons-nous souvent, depuis le début de la Ve République, des présidents à ego hypertrophié ? Des narcisses pleins d'eux-mêmes ? Des outres boursouflées ?

De ce point de vue, pensai-je, François Hollande serait un président de type nouveau. Un chef de l'État hors norme, qui n'aurait pas la science infuse. Ce serait la revanche des modestes, des gentils, des bonasses. La revanche de ceux pour qui l'art de vivre n'a rien à voir avec l'art de la guerre. La revanche des cons et des couillons.

L'illumination du gâteau au chocolat.

Je suis moi-même un con de ce genre, terrorisé par les envieux, désarmé par les haineux, accablé par les fielleux. Rien que de me trouver au milieu de leurs teints de jaunisse et de leurs regards de marécage, il faut que je me retienne pour ne pas me jeter par la fenêtre. Comme Hollande, je hais les conflits, les éclats de voix et les règlements de compte.

Ce soir-là, une de mes voix intérieures me disait :

« Pour une fois, ce serait bien qu'on n'envoie pas à l'Élysée un fauve ou un pit-bull, ça nous changerait.

— T'emballe pas, c'est peut-être un serpent à sonnette, répondait une autre voix.

— Allons, il ne ferait pas de mal à une mouche.

— C'est peut-être ça, son problème. »

En attendant, François Hollande s'était attaqué au dessert sans retenue ni dignité. C'était un Concorde, la gloire des gâteaux au chocolat de Gaston Lenôtre, une chose noire et meringuée, pleine d'amour, dégoulinant de partout. Le député de la Corrèze en avait sur les lèvres, les doigts, le nez, partout.

Il avait pas mal maigri, ces derniers temps, et il pouvait s'éclater sans dommage. Ce qu'il fit, en exsudant un bonheur pur. J'eus une illumination : on aurait dit un avatar de Chirac ou de Mitterrand mangeant. Hollande était l'enfant qu'ils auraient pu avoir ensemble. Une nouvelle incarnation du temps béni du radical-socialisme où rien n'avançait mais où tout le monde se respectait et communiait autour des mêmes valeurs, celles de la table notamment.

Hollande tenait vraiment de l'un et de l'autre. De Chirac, il était le portrait craché avec ses cheveux de jais, son teint éternellement hâlé, sa profonde modestie et son ironie cinglante doublée d'une autodérision permanente. L'ancien président ne s'y était pas trompé, qui, en Corrèze, en 2011, l'avait adoubé pour la présidentielle, au grand dam de sa femme et de Sarkozy.

Quand Chirac avait dit qu'il voterait pour lui si Juppé n'était pas candidat, il fallait comprendre que Hollande était son deuxième fils. Il avait calculé son coup et il en était content. Les jours suivants, il téléphonait à tous ses vieux amis : « T'as vu ce que je lui ai mis, au nain ? »

De Mitterrand, Hollande a hérité de tout le reste. Le ton murmurant et plus ou moins chantant. La gestuelle de salle des fêtes de chef-lieu de canton. L'éloquence délicieusement désuète du tribun de la IIIe République. Le masque austère d'empereur romain de conseil général qui prend son monde de haut.

La démarche est néanmoins différente. Mitterrand était un promeneur silencieux qui glissait littéralement sur le sol, l'œil à l'affût, le nez humant les odeurs, toujours prêt à s'arrêter à la première occasion. Un arbre.

Une silhouette de jeune femme sur laquelle il se retournait, l'air gourmand. Hollande a le pas plus rustique, les pieds bien écartés, et avance à grandes enjambées. Il ne s'attarde pas.

La première fois que j'ai entendu François Hollande dans une Fête de la Rose, c'était à Pertuis, dans le Vaucluse, non loin de la ferme de notre ami commun Michel Pezet, grande figure du socialisme provençal, ennemi public numéro un de tous les médiocres, affairistes et pourris locaux du PS.

Ce jour-là, en écoutant le discours de Hollande, j'avais cru entendre Mitterrand. Le Mitterrand que j'avais suivi pour *Le Nouvel Observateur* dans les années 70 et qui jouait tous les registres. Pour commencer, comme aurait dit Beaumarchais, un souffle passait et repassait mezzo voce, puis la voix montait crescendo, elle finissait par tonner et tempêter avant de descendre et d'égrener quelques notes d'humour, allegretto, la salle riait et déjà une colère rocailleuse surgissait de nulle part, accelerando, emportant tout dans son sillage, pour finir dans une sorte de chuintement, l'adagio, quand venait la minute de nostalgie, l'éloge des anciens, lamentabile, les plus convaincus versaient leur larme vite essuyée après deux ou trois blagues et quelques quolibets contre les ennemis, quand une bourrasque se déchaînait encore sur l'assistance, jusqu'au final.

François Mitterrand prétendait toujours qu'il n'était pas le meilleur orateur de son temps. Il plaçait au-dessus de lui deux radicaux de la IVe, virtuoses de l'improvisation : Edgar Faure et Maurice Faure qui, soit dit en passant, n'avaient aucun lien de parenté. Deux personnages d'exception. Mais le premier zozotait ridiculement et le second, malgré son torse puissant, avait une voix de fausset, un maigre filet qui ne mettait pas le discours en valeur.

De surcroît, pour captiver son audience, Mitterrand usait aussi bien de l'émotion que de la rhétorique. C'était un geyser de sensations et de grands sentiments. Impossible de lui résister. Il savait jouer sur la corde sensible et, surtout, remuer les tripes des militants. Les deux Faure ne faisaient appel qu'à l'intelligence de leur public. Ils avaient les notes. Il leur manquait la musique, les mouvements, les surprises.

Celui qui ne sait pas dire non.

Il n'y a pas à tortiller, Mitterrand avait été le maître de Hollande. Inconsciemment sans doute. La fois où j'évoquais avec lui cet incroyable mimétisme, il refusa de l'admettre. C'était le 19 juillet 2011 au soir, dans un restaurant près de chez lui, la « Villa corse », boulevard de Grenelle, à Paris. Il m'avait dit :
« Entre nous, ça n'accrochait pas. Évidemment que j'admirais Mitterrand. Mais il y avait chez lui quelque chose que je n'aimais pas. Cette manière d'aiguiser les divisions entre les siens, de jouer toujours les uns contre les autres. Son recul vis-à-vis de ses collaborateurs s'apparentait à une certaine dureté.
— Mitterrand n'était pas aussi cynique qu'il voulait le faire croire. Il faisait ça pour se protéger. En vrai, c'était un grand sentimental.
— Peut-être. En attendant, il faut reconnaître que dans les jeux de pouvoir, entre ses proches, il ne faisait pas toujours appel aux meilleurs ressorts de l'âme humaine. Il lui arrivait de traiter mal les gens. »
Impossible de lui donner tout à fait tort. C'est ce qui est touchant et fascinant chez Hollande : il y a chez lui un énorme déficit de cynisme. Il n'aime pas faire du mal

ni tailler dans le vif. Comme Mitterrand au demeurant, il est atteint de procrastination, c'est-à-dire, selon le Robert, d'une «tendance à tout remettre au lendemain, à ajourner, à temporiser».

François Mitterrand a ainsi gardé auprès de lui, jusqu'à son suicide, un collaborateur qui fut par ailleurs l'un de ses meilleurs amis, François de Grossouvre, alors que celui-ci ne cessait de baver sur lui, avec une rage de mari trompé, évoquant devant des journalistes ennemis de sombres affaires ou son comportement pendant l'Occupation. Ils habitaient pourtant l'un au-dessus de l'autre, dans une résidence de la République, quai Branly, et rentraient souvent ensemble de l'Élysée. Sans échanger un mot pendant le trajet, il va de soi.

Peut-être Mitterrand se sentait-il coupable de n'avoir jamais donné à Grossouvre ce qu'il voulait. La direction des Services secrets ou un secrétariat d'État à la Sécurité. Mais, surtout, il ne souffrait pas l'idée de retirer de son paysage personnel un homme qui l'avait adoré quand il était abandonné de tous et qui, de surcroît, partageait tous ses secrets. Il ne voulait pas rompre. Mitterrand ne rompait jamais, ni avec les femmes, ni avec les siens.

Dans les années 70, François de Grossouvre m'avait fait un jour une confidence qui m'avait permis de comprendre un peu mieux son ami d'alors : «Quand Mitterrand dit oui, ça veut dire non.» Phrase géniale. Elle donnait la clé du comportement d'un homme qui répugnait à trancher et laissait volontiers le temps le faire à sa place.

L'été 1984, quand François Mitterrand l'avait convoqué à l'Élysée pour lui annoncer qu'il le sortait de Matignon, Pierre Mauroy m'a raconté que celui-ci pleurait. À petites larmes, mais il pleurait. Du coup, le Premier ministre sortant s'était mis à pleurer à son tour. C'est dire s'il y avait de l'affect entre ces deux hommes qui, en temps ordinaire, semblaient de marbre.

Chez Hollande, on retrouve la même inaptitude à couper ou casser. Comme Mitterrand, il dit oui tout le temps. Oui aux fâcheux qui demandent des rendez-vous. Oui aux obligés qui réclament un poste. Oui aux ennemis qui viennent à la soupe. Oui à tout le monde.

On peut mettre ça sur le compte d'un manque de caractère mais François Hollande a prouvé qu'il en avait, par exemple en quittant son foyer pour vivre avec Valérie Trierweiler, en battant ses concurrents des primaires socialistes ou encore en faisant montre, pendant des mois de campagne, d'une incroyable capacité d'encaisse. Sans doute y a-t-il chez lui comme jadis chez Mitterrand une crainte de blesser l'autre. De choisir.

Hollande ou l'homme qui ne dit jamais non.

4
François et François

« Mon imitation n'est point un esclavage.
Je ne prends que l'idée, et les tours, et les lois
Que nos maîtres suivaient eux-mêmes autrefois. »

Jean de LA FONTAINE

Il ne porte pas de chapeau, encore que ça lui irait bien. Son écharpe n'est pas rouge, mais bleue. Il ne s'avance vers l'électeur qu'avec une cravate et une certaine réserve. Et certains l'appellent François, comme l'autre.

La ressemblance entre les deux François est frappante. Cette démarche silencieuse, par exemple, et ce regard profond, attentif à tout. Pour ce qui est de l'éloquence, du geste, du temps qu'on donne au temps, on vient de le voir, cela tient presque du mimétisme. Mais il y a tout le reste.

Certes, deux ou trois choses distinguent les deux hommes. Par exemple, François Hollande n'a jamais de livre à la main ou dans la poche. Pas de roman ni d'ouvrage historique ou religieux. Rien, sinon des magazines et des journaux.

Jadis, je faisais partie de la petite cour de caniches que François Mitterrand nourrissait de livres. C'était un

Pygmalion attentif et généreux qui ne cessait de nous mettre des romans entre les mains avant de les commenter avec nous. Il a ainsi tenté de me convertir à Jacques Chardonne, romancier charentais, pétainiste et rasoir, en me faisant lire *Les Destinées sentimentales*. Sans succès, c'était trop assommant. Mais il m'a fait découvrir Pierre Drieu La Rochelle, écrivain désespéré, collaborationniste jusqu'au suicide, longtemps proche d'Aragon, qui, au milieu d'un fatras souvent indigeste et pataud, a laissé quelques beaux romans comme *Gilles* ou *Rêveuse bourgeoisie*. De même, il m'a incité à lire l'*Histoire du peuple d'Israël* d'Ernest Renan dont je n'ai lu qu'un seul volume sur cinq mais que je finirai, je le sais, quand viendront mes vieux jours, si le Seigneur veut bien me laisser en profiter.

C'était un éveilleur. On ne peut en dire autant de François Hollande. Bien sûr, il lit beaucoup. Des textos, des mails, des notes, des rapports d'experts, des articles de journaux. Mais de romans, point. Je me souviens de son désarroi quand, avant une émission de télévision que j'animais, je lui avais rappelé qu'il devait présenter un « coup de cœur » littéraire, un livre à recommander aux téléspectateurs.

« J'ai oublié de chercher un titre, gémit-il avec un air tragique. Qu'est-ce que je peux bien présenter ? »

Je le sentais vraiment désemparé : il n'avait aucune idée d'un livre dont il pourrait parler. Je lui donnai un roman de Jean Giono qui traînait dans ma serviette. Peut-être *Colline* ou bien *Un roi sans divertissement*. Il le feuilleta dans la salle de maquillage avant d'entrer sur le plateau et l'évoqua ensuite, avec les mots qu'il fallait, comme si c'était un de ses livres de chevet. Pour un peu, il aurait pu le réciter. J'étais sidéré.

Il y a chez lui une vivacité d'esprit que j'ai rarement vue en quarante ans de journalisme. François Mitterrand, que je rangerais sans hésiter dans la catégorie des intelligences supérieures, en était complètement dépourvu. Au contraire, il pensait et raisonnait comme on monte ou descend un escalier en colimaçon dont les marches seraient très hautes : en prenant son temps. Il me rassurait : je me reconnaissais dans sa lenteur paysanne.

En dehors de la prestesse qui manquait à Mitterrand et de la culture qui n'est pas le fort de Hollande, je n'observe que des similitudes entre eux, la moindre n'étant pas leur propension pathologique au retard, comme s'ils ne supportaient pas l'idée d'éprouver le malheur d'être à l'heure. Le genre à vous faire attendre vingt minutes, parfois davantage.

Mon ami Jean-Paul Enthoven a une bonne formule : « Les gens en retard sont des narcisses ; les gens en avance, des paranoïaques ; les gens à l'heure, des pervers. » De ce point de vue, les deux François ont l'un et l'autre l'idée que le soleil tourne autour d'eux.

Sont-ils narcissiques ? Mitterrand a toujours été trop orgueilleux pour être réduit à cet adjectif et Hollande, comme Chirac, trop conscient de ses défauts. Ni l'un ni l'autre n'a jamais attaché la moindre importance aux apparences. Le dandysme n'est pas leur fort, ils ne croient qu'à la force du verbe. En tout cas pas à celle de la dernière mode, des coupes ou des tissus.

Faouzi Lamdaoui : « Tu ne peux pas te présenter à la présidence dans cette tenue ! »

François Hollande a été pendant des années une antipublicité pour la confection française. Même chose pour François Mitterrand qui, jusqu'à la fin des années 80, mettait un point d'honneur à s'habiller comme l'as de pique. Il portait volontiers des chandails mités, des écharpes peluchées et des chaussures qui bayaient aux corneilles. Passons sur les casquettes : on aurait dit qu'elles sortaient d'un sac à chiffons.

Quant aux costumes des deux François, ce furent longtemps ceux de représentants de commerce en fin de carrière, trop démunis pour investir dans un nouveau. Toujours mal coupés, perpétuellement froissés et composés de matières indéfinissables, ils me rappelaient le complet en tergal de mes dix-huit ans quand j'avais dormi dedans à l'intérieur de ma 2 CV Citroën, après une nuit d'amour et de beuverie.

C'est le publicitaire Jacques Séguéla qui, avant la campagne présidentielle de 1981, a réussi à persuader François Mitterrand de troquer ses costumes ringards pour ceux, très chics, d'Arnys, le grand tailleur de Saint-Germain-des-Prés. De même, c'est son collaborateur Faouzi Lamdaoui qui a fini par convaincre François Hollande quand il lui a dit un jour :

« Tu ne peux pas te présenter à la présidence dans cette tenue ! »

C'était à la fin de l'été 2009. François Hollande n'avait pas encore fait l'effort de maigrir, ce qui semblait alors au-dessus de ses forces ou, du moins, de sa volonté. Il s'est rendu chez un ami tailleur de Lamdaoui, Mustapha, rue de l'Étoile, dans le XVIIe. Il a fait prendre ses mesures et commandé trois costumes bleus, ainsi que des chemises.

La métamorphose avait commencé. Après son régime, l'année suivante, les siens ne reconnaissaient plus François Hollande. Qu'était-il arrivé au gastronome qui reprenait toujours du gâteau au chocolat et plutôt trois fois que deux ? Au parlementaire habillé en voyageur de train de nuit ? À l'Artaban mal fagoté qui refusait de faire des concessions à l'air du temps et dédaignait la « com » ?

Ce n'était plus le même. Il s'était « présidentialisé ». « Avec Stéphane Le Foll, se souvient Faouzi Lamdaoui, on n'en revenait pas et, en même temps, on était fous de joie : on s'est dit que s'il faisait tout ça, c'est qu'il n'avait plus de doutes, il était vraiment décidé à y aller. »

Toujours sur les conseils de Faouzi Lamdaoui, François Hollande a aussi changé de coiffeur et de lunettes. Il a changé de tout, sauf de femme, puisqu'il l'avait déjà fait, quelques années plus tôt. Il a même cessé de faire des blagues pour prendre l'expression grave des personnages historiques du dictionnaire, au visage sculpté par l'esprit de sérieux, ne dialoguant plus qu'avec les dieux ou les peuples. Thierry Le Luron imitant François Mitterrand.

5
Martine fait de la résistance

« Ce qui est mou triomphe de ce qui est dur, ce qui est faible triomphe de ce qui est fort. »

LAO TSEU

Qui François Hollande nommera-t-il Premier ministre ? Nicolas Sarkozy a déjà choisi. À moins d'un retournement de dernière minute, ce sera Alain Juppé. Le meilleur choix possible parce qu'il est le chef de gouvernement que les Français attendent. Comme Mauroy en 1981. Comme Rocard en 1988. Comme Fillon en 2007.

Hollande, lui, a balancé pendant des semaines. S'il nommait Martine Aubry qu'il a battue aux primaires, ce serait la preuve vivante de la réconciliation des gauches. Un tandem apparemment complémentaire. Le bon et la brute. Une vraie force de frappe pour affronter les épreuves et les catastrophes qui s'annoncent.

Même s'il n'oublie rien, François Hollande pardonne tout. Il a donc pardonné à Martine Aubry toutes ses vacheries pendant la campagne des primaires, notamment ses tirades contre la « gauche molle » qu'il était censé incarner. Ou encore cette formule assassine, si bien visée : « Quand c'est flou, c'est qu'il y a un loup. »

Qu'est-ce qui le retient, alors, d'installer Martine Aubry à Matignon ? Son caractère, à l'évidence. « Vu la gravité de la situation, il me faudra quelqu'un de loyal », m'a-t-il dit un jour où il était en mal de confidence. Il n'est pas sûr que la maire de Lille réponde tout à fait à ce critère dont François Hollande n'a pas voulu me dire alors s'il était éliminatoire.

L'Histoire a néanmoins montré qu'il n'est jamais bon de ruser avec la volonté populaire. C'est ce qui a tué Alain Juppé le jour même de sa nomination par Jacques Chirac après son élection de 1995. À tort ou à raison, ce choix parut aux Français illégitime et saugrenu. Ils espéraient Philippe Séguin qui, pendant la campagne, avait porté avec talent, sur ses larges épaules, les grands thèmes chiraquiens comme la « fracture sociale ».

Un bœuf à tête de crapaud, doté d'une voix et d'une éloquence à tomber par terre, qui passait moins de temps à travailler ses dossiers qu'à regarder les retransmissions de matchs de football à la télévision, domaine de prédilection où il était incollable. Un Cassandre en chambre, ronchon et sonore. Un homme d'État pour journalistes.

Jacques Chirac : « Vous êtes vraiment un con. »

Le 5 mai 1995, avant-veille du second tour de la présidentielle, j'avais accompagné Jacques Chirac dans son Jet avec sa fille Claude et l'académicien Jean-François Deniau, pour sa dernière tournée électorale, en Rhône-Alpes, qui se terminait en apothéose avec un grand meeting à Lyon. L'avion avait à peine décollé que j'entreprenais le prochain président sur le nom du futur Premier ministre.

Je savais qu'il avait choisi Alain Juppé mais j'en voulais confirmation. Il ne se laissa pas tirer les vers du nez et finit par retourner la question :

« Si vous étiez à ma place, qui nommeriez-vous ?
— Séguin.
— Pourquoi lui ?
— Ce n'est sans doute pas le meilleur pour le poste, mais c'est un choix logique, plébiscité par les Français. Si ce n'est pas lui, ils se diront que vous avez triché. En installant tout de suite Alain Juppé, vous lui rendriez un très mauvais service : vous aurez tout le temps de le nommer après, une fois levée l'hypothèque Séguin. »

Jacques Chirac coula sur moi un regard consterné, puis murmura :
« Vous êtes vraiment un con.
— Pardon ?
— Vous avez bien entendu. Un vrai con. »

Un silence et il expliqua à voix basse :
« Vous êtes complètement à côté de la plaque. Vous ne comprenez rien à rien à la politique. »

Je lui fis la gueule le reste de la journée. J'avais envie de rentrer à Paris par mes propres moyens, mais c'était trop compliqué. Je me contentai de bouder, sur le mode de la princesse en exil, ne répondant pas à ses questions et refusant ses sandwichs aussi bien que ses attentions d'hôtesse de l'air, personnage qu'il jouait volontiers pendant les voyages en avion.

Quand nous rentrâmes le soir, à l'aéroport du Bourget, Jacques Chirac insista pour me raccompagner à Paris. Après m'être fait prier, je finis par monter dans sa voiture où, pendant tout le voyage, il justifia son choix :
« Balladur a été une catastrophe nationale qui a laissé nos finances dans un état que la décence m'interdit de qualifier. Pour les redresser, j'ai besoin d'un Premier ministre compétent, loyal et courageux. C'est le profil de Juppé. Séguin, que voulez-vous, je ne le sens pas. C'est certes un beau parleur mais il ne va pas au fond des choses. En plus de ça, il n'est pas fiable.

— Il n'est pas le seul dans le genre, ça ne peut suffire à le disqualifier.

— Ce qui le disqualifie à mes yeux, en vérité, c'est son caractère. Y a rien à faire, avec ce genre de personnages. Il est tellement fantasque qu'il pourrait très bien refuser de me prendre au téléphone pendant une semaine ou deux, si ça lui chantait, ce qu'il a déjà fait dans le passé. Vous imaginez ça, le président et son Premier ministre qui ne communiquent plus ? De même, il serait tout à fait capable, pour m'emmerder, de refuser in extremis d'aller accueillir avec moi le président chinois à son arrivée à Roissy. Vous voyez les embrouilles diplomatiques en perspective ? Je ne le déteste pas du tout, contrairement à ce que vous avez l'air de penser, mais moi, je suis un type primaire, je ne peux travailler qu'avec des gens sains, francs et carrés. »

Aubry à Rebsamen : « Je te parie une caisse de champ' que je n'ai pas triché. »

C'est sans doute des réflexions de ce genre que François Hollande a remuées dans sa tête, tel l'âne de Buridan, lors de ses rares haltes, pendant la campagne présidentielle. Il suppute. Il sait que, pour une partie de la gauche, Martine Aubry serait la chef de gouvernement idéale et, en même temps, sur le fond comme sur les détails, il n'a à juste titre aucune confiance en elle. Trop lunatique, trop excessive, trop erratique. Trop colérique, surtout.

Il y a un an, en plein conseil politique du PS, Martine Aubry s'en prenait ainsi avec une rare violence à Stéphane Le Foll, l'alter ego de François Hollande :

« J'en ai assez des rumeurs sur mon prétendu alcoolisme ! Et toi, Stéphane, il faut que tu arrêtes de les colporter !

— Comment peux-tu m'accuser comme ça, devant tout le monde ? C'est de la diffamation ! Tu n'as pas le droit ! »

Martine Aubry pète volontiers les plombs. Elle ment comme une arracheuse de dents. Elle affuble tout le monde de noms d'oiseaux. Une cocotte-minute où bout un mélange de fiel et de vinaigre. Et pourtant elle peut inspirer de la sympathie, sans doute parce qu'elle fait irrésistiblement penser à George Sand, l'une des héroïnes de ma vie, dont Gustave Flaubert disait : « Il faut la connaître pour savoir tout ce qu'il y a de féminin dans ce grand homme. »

Grand homme, il ne faut pas exagérer. Elle sait tout gérer, les équipes, les projets, les collectivités territoriales ; en revanche elle a raté les calamiteuses 35 heures parce qu'elle a menti à tout le monde. À Jean Gandois, le patron des patrons, dont elle avait été la proche collaboratrice, en lui cachant sa détermination. À Lionel Jospin, le Premier ministre, à qui elle a fait croire que Gandois était d'accord avec son projet. Un péché de jeunesse.

Mais il y a chez elle une espèce d'alacrité qui, parfois, emporte tout. Un jour qu'elle lui hurle dessus, Michel Sapin lui fait un pied de nez et elle éclate de rire. Changeante et inconstante, elle sait tendre la main. Sénateur-maire de Dijon, ancien directeur de campagne de Ségolène Royal, François Rebsamen peut en témoigner. C'est l'un des grands battus du congrès de Reims, lequel s'est conclu par l'échec, d'un fil, à cause de tripatouillages, de l'ex-compagne de François Hollande, sa candidate à la direction du parti. Il m'a raconté ainsi une des tentatives de rabibochage de Martine Aubry, quelque temps avant les primaires socialistes.

Elle a décidé d'en faire une prise de guerre. C'est un beau gosse souriant, formé à l'école de Pierre Joxe. L'œil de velours, la soixantaine élégante et la loyauté indéfectible. Un des vieux amis de François Hollande, qui ne souffre pas que l'on dise du mal de Ségolène Royal devant lui.

Martine Aubry lui a proposé un dîner de réconciliation chez « Tante Marguerite », un restaurant de la rue de Bourgogne, à Paris. Il a refusé. Le soir même, elle lui envoie un SMS : « Viens. On t'attend. Tu nous manques. » François Rebsamen craque et se rend à l'invitation, mais avec un air renfrogné. Il n'a toujours pas digéré la victoire qu'il juge frauduleuse de la maire de Lille au congrès de Reims.

Au restaurant, il retrouve autour de la table Martine Aubry et son équipe du moment : Jean-Noël Guérini, président du conseil général des Bouches-du-Rhône, bien connu depuis des services de police, Vincent Peillon, royaliste déçu, François Lamy, le lieutenant de la première secrétaire, et Jean-Marc Germain, son directeur de cabinet.

« T'es première secrétaire, dit d'entrée de jeu François Rebsamen, donc je te respecte. Mais tant que tu n'auras pas avoué que tu as triché, je ne travaillerai pas avec toi.

— Toi aussi, t'as triché.

— On va en parler.

— Je te promets, je n'ai pas triché, insiste Aubry, c'est Fabius qui a triché.

— Tu as triché toi aussi. À Lille. Tout le monde le sait.

— Détrompe-toi, François. Je te parie une caisse de champ' que je n'ai pas triché. »

Parier qu'on n'a pas triché est un exercice étrange, mais telle est l'autre Martine Aubry, celle qu'on connaît moins : rigolote et originale.

Elle a dit à François Hollande qu'un seul poste l'intéresserait en cas de victoire : le ministère de la Culture. Il ne sait pas quoi en penser et se demande s'il ne doit pas lui proposer davantage en vertu de l'adage qu'il vaut mieux impliquer ses ennemis dans un poste-clé pour ainsi les neutraliser. Avec elle, on ne sait jamais si c'est du lard ou du cochon.

Hidalgo à Aubry : « Que je ne te croise plus jamais ! »

Le problème de Giscard, c'était le peuple. Celui de Sarkozy, lui-même. Le problème de Hollande, ce sera le PS, voire la gauche en général. Une évidence aveuglante depuis que le député de Corrèze a remporté les primaires contre Martine Aubry.

À partir de là, l'appareil du parti n'a cessé de le laminer, de l'humilier, de le ridiculiser, mais en douce, sous la table pour ainsi dire, en veillant bien à ce que sa malveillance et ses mauvais coups ne s'ébruitent pas. François Hollande a laissé faire en courbant le dos, un sourire artificiel vissé aux lèvres. Hors de question de montrer aux foules ses stigmates, ce qui l'affaiblirait et ferait le jeu de Nicolas Sarkozy.

Il a ainsi suivi le célèbre précepte que l'on prête au cardinal Jules Mazarin : « Simule et dissimule. » En public, mais pas en privé. Je me souviens de l'avoir vu étouffant de rage, le teint rouge brique, commenter ainsi l'accord entre le PS et Europe-Écologie-les Verts (EELV), entériné le 15 novembre 2011 : « C'est insensé ! hurlait-il quelques jours plus tard. Je ne sais si c'est de l'amateurisme ou de la perversité mais si on avait décidé de me faire perdre ou de me compliquer la vie après, on ne s'y prendrait pas autrement. »

Je suis sûr d'avoir reçu, ce jour-là, quelques postillons, ce qui n'était, somme toute, qu'un retour à l'envoyeur :

je serais en effet mal placé pour me plaindre chez les autres de ce travers salivaire qui affectait alors Hollande. Il n'avait cité aucun nom, surtout pas celui d'Aubry, mais je savais que je prenais ses glaviots pour elle.

Au bord de la congestion, j'exagère à peine, Hollande remuait ses bras ballants en écumant :

« Qu'est-ce que je peux faire ? Je ne peux pas renverser la table, ça signerait mon impuissance ! Franchement, qu'est-ce que je peux faire ? »

Il ne me demandait pas de conseils. Il me rendait simplement témoin d'un désarroi qu'il allait ensuite cacher et même nier en public. L'accord entre les socialistes et les écologistes comprenait pas mal de propositions ineptes, d'une démagogie sans nom, comme celle de créer 600 000 postes verts. Sauf que, malgré quelques pataquès de dernière minute, il avait l'avantage d'enfermer EELV dans le programme énergétique de Hollande dont on était en droit de se demander s'il préparait vraiment une sortie du nucléaire.

Le candidat socialiste entendait maintenir le chantier EPR de Flamanville et réduire seulement de 75 à 50 % la part du nucléaire dans la production nationale d'électricité d'ici 2025. De plus, il n'acceptait de fermer qu'une centrale, Fessenheim, la plus vétuste de toutes, au cours de son quinquennat. Les écologistes s'étaient couchés, il avait apparemment gagné sur toute la ligne.

Soit. Mais pour qu'ils se vendent, il avait fallu les acheter : Hollande considérait avoir été blousé par l'accord électoral que les écologistes avaient signé en échange de leur reniement et qui allait leur donner un poids politique bien supérieur à ce qu'il devrait être. Une quinzaine de sièges gagnables si la droite l'emporte, une trentaine si c'est la gauche, ce qui leur permettrait peut-être de jouer les groupes charnières et de pourrir son quinquennat. D'où sa colère contre la première secrétaire du PS qui avait mené cette affaire à la baguette, comme si elle voulait le prendre par surprise.

Le 15 novembre 2011, au bureau national qui avalise l'accord, Bertrand Delanoë, le maire de Paris, et Anne Hidalgo, sa première adjointe, ont la confirmation que Martine Aubry a décidé de parachuter sa copine Cécile Duflot, la sainte patronne des écologistes, tendance nasillarde, dans la 6e circonscription de Paris. Une circonscription détenue par une militante de caractère, Danièle Hoffman-Rispal, qui a le malheur d'être hollandaise.

La rumeur de ce parachutage courait depuis des semaines, mais les élus parisiens croyaient avoir convaincu Martine Aubry de laisser la 6e circonscription à Danièle Hoffman-Rispal qui n'avait pas démérité. Ils en étaient d'autant plus sûrs que les couples Hidalgo et Aubry ont toujours été au mieux.

Dix jours auparavant, ils avaient même passé ensemble un week-end de rêve à Venise. Entre eux, c'était si fusionnel qu'on pouvait parler de couple à quatre. Une histoire d'amour à l'eau de rose socialiste. C'est dans l'équipe d'Aubry au ministère du Travail, où ils étaient tous deux conseillers techniques, que Jean-Marc Germain et Anne Hidalgo se sont rencontrés en 1997, avant de se marier quelques années plus tard. Martine Aubry fut leur témoin. Depuis, Anne Hidalgo a été sa porte-parole aux primaires et Jean-Marc Germain, qui est son directeur de cabinet au PS comme à la communauté urbaine de Lille, fait figure d'alter ego, toujours dans l'ombre de la première secrétaire.

L'échange, lors de ce bureau national « historique », donne à peu près ceci :

Martine Aubry prétend, ce qui est faux, qu'elle a eu au téléphone Rémi Féraud, le premier secrétaire de la fédération socialiste de Paris, et qu'il lui a donné son accord.

Alors, Anne Hidalgo : « Tu mens ! »

Martine Aubry : « Tu n'as pas à me parler comme ça, je suis première secrétaire. »

Anne Hidalgo : « Je te dis et te redis que tu mens. »

Bertrand Delanoë : « Martine, ne m'oblige pas à te dire en public ce que je t'ai dit en privé. »

Martine Aubry : « Personne ne pourra jamais dire qu'un jour j'ai menti. »

Après le bureau national, voyant passer devant elle Martine Aubry, Anne Hidalgo laissera tomber : « Que je ne te croise plus jamais ! »

Le comble est que la plupart des circonscriptions accordées aux écologistes étaient détenues ou convoitées par des suppôts de Hollande. Ainsi, cas édifiant parmi tant d'autres, Olivier Faure, un proche collaborateur du député de Corrèze, a-t-il été prié de céder sa place à un vert en Seine-et-Marne, une place qu'il reprendra ensuite.

L'humiliation faite à Faouzi Lamdaoui, hollandais historique.

Pour le reste, c'est-à-dire les dernières circonscriptions dites réservées à attribuer, Martine Aubry a tout verrouillé et obtenu que l'appareil du parti, par l'entremise du bureau national, écarte à peu près systématiquement les amis du candidat socialiste, ultra-minoritaire dans les instances de direction.

C'est ainsi que la première secrétaire a refusé un vote des militants locaux pour désigner celui qui représentera la 9ᵉ circonscription des Français de l'étranger, composée, pour l'essentiel, du Maghreb. Le bureau national qu'elle contrôle a ainsi préféré son candidat, Pouria Amirshahi, à Faouzi Lamdaoui, le chef de cabinet de François Hollande.

Tout un symbole, Lamdaoui. Né en Algérie, ingénieur logisticien puis secrétaire national à l'égalité du PS quand le député de Corrèze en était le numéro un, c'est un hollandais de la première heure. Avec Stéphane Le Foll et Bruno Le Roux, il a fondé en janvier 2009 l'association « Répondre à gauche » pour jeter les bases de la campagne présidentielle de son champion. Il s'en souvient avec émotion : « On lui a dit qu'on commençait à se préparer à tout hasard, en attendant sa décision de se présenter ou non. »

« J'avais une petite boîte de conseil en logistique, poursuit Faouzi Lamdaoui. J'ai tout laissé, je n'ai plus roulé que pour François en faisant tout, la presse, le chauffeur et le reste. Je me suis défoncé. J'y croyais tellement, j'ai mis toutes mes économies dans la campagne des primaires. »

Lamdaoui n'est pas seulement le chien fidèle de Hollande. Il est aussi l'homme à tout faire, l'œil de Moscou, le stratège du dimanche, le conseiller secret et l'un de ses panégyristes les plus convaincants. Quand on lui demande ce qu'il aime le plus chez son candidat, il répond tout à trac :

« Sa façon de tout apaiser. Quand deux personnes s'engueulent devant lui, il fait baisser le ton : "Doucement, doucement." Il n'y a pas mieux que lui pour marier les idées ou réconcilier les ennemis. Il les réunit, se met au milieu, les fait parler et, à la fin, ils ressortent d'accord. Il déteste les conflits et, contrairement à tant d'autres, au lieu de laisser pisser, il les règle en organisant la sortie par le haut. »

Après l'humiliation que lui a infligée Aubry, Lamdaoui est blessé. Hollande aussi. C'était fait pour, mais il ne faut pas le montrer. À croire que le candidat socialiste a toujours sur lui le « Bréviaire des politiciens » attribué au cardinal Jules Mazarin, où l'on peut lire : « Si tu es offensé, le mieux est de le dissimuler. Car une querelle amène une autre querelle et c'en sera fini de la paix entre vous. »

Hollande-le-Mazarinien encaisse. Il a toujours encaissé. À ce point, c'est plus qu'un métier : une vocation. Il s'attend maintenant à pire et il s'agit de s'entraîner pour l'après-6 mai : ce que lui a fait Aubry n'est sans doute rien en comparaison de ce qui l'attend.

Au meeting du Bourget, ses voisins de travée ont vu Martine Aubry pleurer à grosses larmes pendant le discours de Hollande. Mais ne pleurait-elle pas plutôt sur sa défaite aux primaires ?

Des mois après, il semble qu'elle ne s'en soit pas remise. Acte manqué ou pas, elle a même fait en sorte que la réunion publique de Hollande à Lille, le 17 avril, soit un four : son discours de vedette américaine, bien trop long, a vidé une partie de la salle du Grand Palais qu'elle avait veillé, de surcroît, à ne pas trop remplir. Quand, à la fin du meeting, Hollande la cherche pour se sustenter et boire un coup avant de rentrer à Paris, on lui apprend qu'elle est partie. « Définitivement ? » plaisante-t-il.

Désormais, François Hollande sait qu'il lui faudra vivre en regardant tout le temps derrière son épaule pour vérifier ce que machinent Martine Aubry et Jean-Luc Mélenchon qui, c'est sûr, ne lui veulent pas du bien…

6
« Et moi, alors ? »

> « Je possède ce don d'observation appelé vulgairement cynisme par ceux qui en sont dépourvus. »
>
> George Bernard Shaw

C'était gagné dès la première phrase, prononcée avec solennité : « Je suis venu vous parler de la France… »
Le 22 janvier 2012, quand le peuple de gauche a vu François Hollande déclamer son discours d'envol, au hall 2 du Bourget, en Seine-Saint-Denis, devant une foule d'à peu près 20 000 personnes, ce fut comme une apparition : les « forces de l'esprit » avaient frappé, François Mitterrand était revenu, les larmes coulaient à flots.
De même que Mitterrand s'en était pris à « l'argent qui pourrit tout » dans son discours fondateur du congrès d'Épinay, en 1971, après qu'il eut fait main basse sur le PS, Hollande a dénoncé, au Bourget, pour son sacre de candidat de la gauche, son « véritable adversaire » qui « n'a pas de nom, pas de visage » : le « monde de la finance ».
Dans le genre, Hollande ne pouvait pas faire mieux. Désormais, la gauche ne doute plus d'avoir enfin trouvé son champion. Dans *Marianne*[1], Jacques Julliard célèbre,

---
1. *Marianne*, le 28 janvier 2012.

non sans raison, le « discours qui change tout ». Il observe notamment que le candidat a rompu avec « l'esprit capitulard de l'*establishment* socialiste » et signé « l'acte de mort du social-libéralisme. » Selon lui, le nouveau héraut de la gauche a repensé une social-démocratie qui s'étiolait. Sans oublier d'appeler à la fierté d'être français, « le plus beau nom qu'on puisse donner à un citoyen du monde ».

Même si le discours du Bourget avait un vieux fond jaurésien, le député de Corrèze y a retrouvé non seulement les trémolos de Mitterrand mais aussi ses vieux refrains républicains qui bouleversaient les foules dans les années 70 : « Condorcet, Ledru-Rollin, m'a dit un jour Hollande, je connais par cœur chaque strophe de la chanson mitterrandienne. »

Il ne s'est pas contenté de réciter. Ce discours, note François Bazin dans *Le Nouvel Observateur*[1], il faudra l'enseigner « dans les écoles du parti tant il a réussi à exciter, une à une, toutes les zones érogènes de la gauche française. Ou plutôt de la gauche républicaine », cette gauche « plus morale que sociale » qui « a appris avec François Mitterrand qu'avant d'exercer le pouvoir il faut savoir le conquérir ».

Pour le conquérir, inutile de mégoter, surtout en France où la politique est une activité qui n'a rien à voir avec la dentelle. Il faut ce qu'il faut : chez nous, c'est le plus souvent celui qui promet le plus, donc le plus menteur, qui obtient le plus de suffrages.

Dans le programme qu'il a commencé à décliner, ce jour-là, François Hollande ne finasse pas. Il promet de créer en cinq ans 60 000 postes supplémentaires à l'Éducation nationale et, toujours sur la même période, 5 000 embauches de plus chez les policiers, les gendarmes et les magistrats. Il promet d'augmenter massivement le

---

1. *Le Nouvel Observateur*, le 26 janvier 2012.

nombre de crèches, de relever de 25 % l'allocation de rentrée scolaire, d'instituer une « allocation d'autonomie sous condition de ressources » pour les étudiants, de créer des emplois pour l'insertion des jeunes. Il promet, il promet, il promet même de réduire le déficit dès 2013 grâce à un choc fiscal d'une trentaine de milliards d'euros, concentré sur les dix-huit premiers mois de son mandat.

Le croit qui voudra. En attendant, le compte n'y est pas. Si la France veut ramener les finances publiques à l'équilibre en 2016 ou en 2017, comme l'y invite la Commission européenne, il lui faudra trouver cent milliards. Elle ne les récupérera pas par miracle grâce à une hypothétique croissance, promise à chaque élection, depuis des décennies, par les politiciens de droite ou de gauche, mais par la réduction des dépenses publiques.

Georges Bernanos : « Mon pays vaut-il la peine d'être sauvé ? »

Dans *Nous autres Français*, un livre rédigé avant la Seconde Guerre mondiale et paru en 1939, Georges Bernanos écrit : « Il y a quelque part dans le monde, je le sais, à l'heure où j'écris ces lignes, un jeune Français qui se demande : "Mon pays vaut-il la peine d'être sauvé ? À quoi bon ?" » Bernanos prétend qu'il se pose la même question et qu'il se l'est toujours posée : « C'est parce que je me la pose que je suis français. »

C'est à cette question que François Hollande a tenté de répondre avec son « rêve français » (« parce qu'il nous ressemble, parce qu'il nous rassemble »). Mais je le soupçonne de ne pas croire à son programme économique. Il vaudrait mieux. Sinon, il n'a aucune chance de sauver la

France qui est condamnée à mettre son secteur public à la diète, comme l'ont déjà fait avec succès l'Allemagne, le Canada et tant d'autre pays.

Si l'on veut établir le palmarès des dépenses publiques des grands pays de l'Union européenne, on obtient, selon Eurostat, les résultats suivants en 2012 :

1. France : 56,6 % du PIB
2. Royaume-Uni : 50,4 %
3. Italie : 50,3 %
4. Allemagne : 47,9 %

Tout est dit. Ces derniers mois, chaque fois que j'ai affirmé à François Hollande que, s'il était élu, il n'aurait pas d'autre choix que de baisser tôt ou tard les dépenses publiques, je n'ai jamais recueilli son approbation. Il a éludé d'un sourire ou d'une pirouette, mais sans émettre la moindre protestation. Il semble donc qu'il y est prêt.

L'histoire se répète, les journalistes aussi. En 1981, la gauche était tout feu, tout flamme, le nouveau président en tête, avant de déchanter, avec les résultats que l'on sait. Sous la pression de Pierre Mauroy, son Premier ministre, François Mitterrand avait fini par se faire une raison et s'était laissé imposer, en 1983, ce qu'on appela le « tournant de la rigueur », où la gauche rompit avec elle-même et, surtout, avec ses dogmes.

Il fallait trahir ou mourir. Pour son bien, Mauroy avait tordu le bras au président : Mitterrand était un républicain européen qui avait trop peu de convictions pour ne pas les défendre avec acharnement. Il refusait de prononcer le mot « rigueur » qui lui semblait un gros mot. Hollande, lui, n'attendra pas pour effectuer le virage qu'il a déjà évalué et intégré mentalement. Tout laisse à penser qu'il ne fera pas de 2012 une nouvelle version de 1981.

Des années après son virage économique, Mitterrand reconnaissait qu'il avait trop tardé à accepter la rigueur :

« Quand son économie fout le camp, une nation n'a le droit que de raser les murs. Plus elle est forte économiquement, plus elle est forte politiquement. On n'est jamais l'un sans l'autre. »

Avec sa discrète immodestie, Hollande se rêve en Mitterrand plus lucide et moins cynique. C'est sa référence. Voilà pourquoi, dans cette campagne, il n'est pas de jour où le nom du vainqueur de 1981 ne revienne dans une bouche ou un article.

Ces temps-ci, Mitterrand est plus vivant que jamais et je dois à la vérité de dire que ça me réjouit, en même temps que ça me rajeunit. Nous avons eu de bons moments, lui et moi. Dans les années 70, quand il m'apprenait la vie. Dans les années 90, quand il m'apprenait la mort.

Ce qui faisait sa différence avec les autres, c'étaient son attitude et son détachement. Il pratiquait en permanence ce que Baudelaire appelle la « double conscience » et qui consiste à se regarder sortir de chez soi depuis la fenêtre.

J'ai en mémoire maints exemples de son incroyable recul. Notamment celui-ci. Un jour que nous déjeunions ensemble, alors qu'il était arrivé à son couchant, Mitterrand avait posé sa main sur son bas-ventre pour calmer Dieu sait quelle douleur : son cancer se portait apparemment bien mieux que lui. Un léger tremblement agitait ses lèvres, ainsi qu'une partie de ses joues, comme si, déjà, les nerfs n'en faisaient plus qu'à leur tête, ce qui se voit chez les bêtes que l'on vient de tuer. Des spasmes post-mortem de son vivant.

Mitterrand : « On ne pourra pas dire que je n'ai pas été résistant... contre le cancer ! »

C'était le 22 novembre 1994, je travaillais alors au *Figaro*. En relisant mes carnets, je me suis rendu compte que notre conversation était si bien inscrite dans ma mémoire que j'aurais pu la restituer sans effort. « Le jour de sa naissance, avait-il dit, d'entrée de jeu, on entame le processus de sa propre destruction et pourtant on croit que ça durera toujours, on n'en démord pas. Les années passent...

— Les décennies, voulez-vous dire.

— Et même pas le temps de se retourner ! »

Mitterrand avait souri, puis :

« En tout cas, on ne pourra pas dire que je n'ai pas été résistant. Au moins contre le cancer ! »

Rire l'aurait trop fatigué. Il se contenta de sourire à nouveau avant de poursuivre :

« Ce qu'il y a de plus terrible avec le cancer, c'est qu'on finit par perdre goût à la vie. De temps en temps, je le retrouve et, alors, je n'arrête pas de me dire : "Quelle chance j'ai de vivre une journée aussi magnifique !" »

Un silence et Mitterrand ajouta :

« C'est un peu le cas aujourd'hui, mais pas trop. Je suis quand même très heureux de vous voir. Vous êtes un type curieux, vous savez. Écorché vif, j'allais dire féminin. Vous avez mis tellement de passion dans nos relations.

— Je suis trop passionné.

— Je n'ai jamais compris pourquoi vous ne faites pas de politique.

— Je ne suis pas assez cynique.

— Non, vous êtes fait pour ça. Vous devriez vous lancer. C'est si amusant, la politique. »

Il approcha son visage du mien et chuchota : « Vous voyez comme je suis. Vieux, cancéreux, la peau qui pend, les dents qui flageolent. Eh bien, figurez-vous que je plais toujours aux femmes. Vous voyez ce qu'il vous reste à faire si vous voulez encore plaire aux femmes quand vous aurez mon âge... »

Vingt ans et quelque auparavant, Mitterrand m'avait proposé de me présenter dans l'Isère. Une circonscription facile à décrocher, celle de Beaurepaire. J'avais décliné la proposition en prétextant que je n'étais pas d'accord avec le programme économique de la gauche et que mon ambition était de devenir écrivain. Il s'en souvenait :

« Vous allez me répondre que vous préférez la littérature.

— Exactement, approuvai-je.

— Pour l'instant, mouais... Vous n'avez pas d'œuvre, vous faites surtout des pochades politiques. Si je peux me permettre, ne m'en voulez pas, ce n'est pas gentil ce que je vais dire, mais vos romans se font attendre.

— Ne vous inquiétez pas, ils arrivent.

— C'est un beau métier, écrivain, mais ça fait des vies ennuyeuses à en mourir. Toute la journée dans son bureau, non, merci, très peu pour moi. La politique, c'est le contraire : là, au moins, on ne s'embête pas, on est dans la vie ! Vous devriez aller au PS, c'est le moment ou jamais, il est à prendre.

— Je me casserais les dents, il est plein à ras bord de gens très talentueux...

— Mais non, justement, ils sont tous nuls, tous autant qu'ils sont ! »

Quand Mitterrand assassine les siens.

Il passa en revue les dirigeants du PS, en accompagnant ses jugements d'une moue, d'un haussement d'épaules ou d'un zéro qu'il formait avec son pouce et son index. Personne ne trouvait grâce à ses yeux.

Lionel Jospin :

« Il a beaucoup de qualités mais vous connaissez son problème...
— Non, lequel ? demandai-je.
— Enfin, vous savez bien... »
Je ne saurai jamais.
Laurent Fabius :
« J'ai beaucoup misé sur lui mais c'est une chiffe molle. L'affaire du sang contaminé aurait dû l'aiguillonner : l'accusation est tellement immonde qu'il aurait dû chercher à la laver dans le suffrage universel, en décidant de se présenter à la présidence de la République. Mais non, ça en a fait une flaque. L'autre jour, je l'avais devant moi, à moitié prostré, les yeux rougis, en train de se plaindre parce que leurs copains de classe s'en prenaient à ses fils. "Mais vous êtes innocent, lui ai-je répondu, battez-vous ! Vous croyez que c'était plus facile pour mes enfants pendant l'affaire de l'Observatoire !" »
Sous entendu : le dossier du faux attentat de l'Observatoire contre lui était bien plus solide que celui du sang contaminé contre Fabius.
Michel Rocard :
« Un brave garçon mais je ne le comprends pas. Il ne décide rien, il négocie tout. Il me semble qu'il a dépassé depuis longtemps son niveau de compétence qui est celui d'un secrétaire d'État aux PTT. »
Pierre Mauroy :
« Il pourrait avoir des ambitions nationales, je suis même sûr qu'il ferait un bon président, mais il n'a que des ambitions locales. La seule chose qui l'intéresse dans la vie, c'est de rester maire de Lille. On ne peut pas le refaire. »
Jacques Delors :
« C'est un chrétien, un vrai. Quand on n'a pas compris ça, on ne l'a pas compris. Il n'agit que par devoir. Ce

serait un mauvais candidat et un mauvais président. Dieu merci, il le sait. »

Dominique Strauss-Kahn :

« Un jouisseur sans destin. Je le verrais plus à la tête du patronat qu'à la tête du PS. Mais il est si ficelle qu'il pourrait diriger les deux en même temps. »

Martine Aubry :

« Elle est trop méchante pour réussir. Un jour, elle se noiera dans son fiel. »

Bernard Kouchner :

« Un GO égaré en politique. Vous verrez, il finira là où était sa vraie place : au Club Méditerranée. »

Il chercha quelques noms dans sa tête, mais aucun ne venait, ni celui de François Hollande, ni celui de Ségolène Royal, qui n'étaient encore que des troisièmes couteaux.

« Vous voyez, finit-il par dire, la voie est libre, c'est même un boulevard.

— Une impasse, oui. Les journalistes font toujours de mauvais politiciens, vous avez pu le vérifier. Ils aiment trop la vérité, ils donnent souvent raison à l'adversaire qu'ils n'arrivent pas à caricaturer.

— Je l'admets, mais vous saurez forcer votre nature, j'en suis sûr. »

Pour en terminer, je me résolus alors à utiliser l'argument massue :

« Mais enfin, cette histoire est ridicule, vous le savez bien. J'ai une partie non négligeable de mon cerveau qui pense à droite et je travaille au *Figaro*. Je ne suis pas compatible... »

Mitterrand m'interrompit d'un geste :

« Et moi, alors ? »

Je me souviens du sourire un peu souffrant de Mitterrand, qui dégagea deux rangées brinquebalantes de dents grises ou jaunes, selon la lumière, comme les miennes aujourd'hui. Dedans rayonnait une ironie qui n'épargnait rien, surtout pas lui-même. Telle était sa grande force ; il sculptait son buste pour l'Histoire, mais à tout hasard, sans oublier, pour le plaisir d'un bon mot, de plaisanter à ses dépens.

7
La montée du crépuscule

> « Quel artiste périt avec moi ! »
> Néron

« Monsieur le président de la République ! »

Il est huit heures pile, le 9 janvier 2012, quand l'huissier l'annonce et qu'il s'amène de sa démarche de boxeur sonné pour s'installer à la table du petit-déjeuner. Ce matin-là, Nicolas Sarkozy a, comme on dit en Provence, un air de deux airs. Il me fait de la peine, avec sa triste figure d'insomniaque professionnel qui n'a pas dormi depuis des années.

Je reconnais tout de suite l'insomniaque : je suis de la même race, descendant direct de la chouette et du crapaud, qui ont beaucoup à se faire pardonner et ne sont jamais plus éveillés que quand le monde dort. Nicolas Sarkozy est désormais l'un des nôtres.

Bien fait, dira-t-on, mais je dois reconnaître que sa tête de fin de règne m'inspire de la compassion. En m'apitoyant sur lui, je m'attendris sur moi. Toutes ces nuits à écrire, à lire, à picoler ou à tourner en rond, en attendant que le jour se lève. Il est devenu aussi pathétique que moi, mais pas pour les mêmes raisons. En accédant à l'Élysée, l'«enfant-roi» n'avait pas prévu tout ça. Les crises, les échecs, les fiascos. Zorro est devenu un zéro, Superman a fini en Miniman.

Quand j'oriente vicieusement la conversation sur son sommeil, apparemment aussi déficitaire que la balance du commerce extérieur, il répond qu'il a en effet du mal à dormir avec Giulia, sa dernière-née, qui n'a encore que quelques semaines et que sa mère continue d'allaiter.

Je l'interroge :

« A-t-elle toujours assez de lait ? »

Il est visiblement choqué par ma question mais répond quand même, agacé :

« Ça va, ça va. »

Après les tétées, il ne peut pas se rendormir. Je ne lui demande pas ce qui l'empêche de retrouver le sommeil. C'est la France, je le sais. La France qui bout et l'agonit.

J'aime les causes perdues. Je devrais donc aimer le président. Son sentiment de solitude extrême lui donne un regard craquant. Celui d'une jeune fille battue qui attend l'âme sœur qui va la sauver. Je pourrais être celle-là mais Sarkozy s'y prend mal. Trop pressé, trop envahissant, trop sûr de lui. Sans être farouche, j'ai besoin de préliminaires, comme toutes les femmes.

Nicolas Sarkozy aussi, à ce qu'il prétend. La dernière fois que nous nous sommes vus, il y a six mois, le chef de l'État m'avait dit qu'il ne comprenait pas que Dominique Strauss-Kahn ne parle pas « avant » aux femmes qu'il s'apprête à honorer, un mot qui, dans le cas de DSK, n'est pas, j'en conviens, très approprié. Il était troublé par le scénario simiesque de la chambre 2806 du Sofitel de New York : celui de l'orang-outang qui dégaine sans demander la permission. « On a besoin d'échanger un peu quand même, non ? » m'avait-il demandé, comme si j'allais dire le contraire.

J'avais opiné en précisant que, comme beaucoup de femmes, je ne passe pas à l'acte le premier soir. Avant, il me faut du temps, du parlage, voire des serments ou un dîner aux chandelles. Il avait feint d'abonder dans mon sens : « Moi aussi, je suis assez sentimental, finalement. On n'est pas des animaux ni des machines, hein ? »

Ce matin, Nicolas Sarkozy est dans un bon jour ; il est heureux de me voir et il me le fait comprendre. Est-il stupide ou me prend-il pour une cruche ? Quand il ment, Nicolas Sarkozy en fait trop. C'est pathétique et comique à la fois. Déjà le ton de la voix, mielleuse, doucereuse et enveloppante. On ne croit plus un mot de ce qu'il dit.

Dès lors qu'il a décidé de vous berner, comme le lui commande son métier, le président de la République a envers vous les gestes, les attentions et l'infinie gentillesse du commis boucher qui cherche à rassurer le cochon qu'il emmène au couteau.

Je suis le cochon, un cochon au régime. C'est pourquoi les effluves de brioche et de pain grillé, que dégage la table du petit-déjeuner, creusent des grands trous dans mon estomac. Il faut que je trouve une parade. Donc, je bois de l'eau, encore et encore, pour remplir et tromper ma panse qui crie famine.

Quand le président a un teint de vieux fromage blanc.

Lui aussi est au régime. À côté de son assiette, il y a un gros bol de fromage blanc à 0 %. Depuis des années, c'est son repas de base. Je ne sais combien de kilogrammes il en a englouti mais je suis sûr que ça se compte en milliers. La preuve, ça déteint sur son visage blême, avec quelques reflets jaunasses.

Sa peau a, comme la mienne, la couleur d'un fromage blanc dont la date de péremption serait largement dépassée, quand les champignons arrivent et nappent la surface d'une couche grisâtre. Si on est ce qu'on mange, comme dit le philosophe, je ne vous fais pas de dessin.

Je suis venu à l'Élysée avec Sylvie Pierre-Brossolette, directrice-adjointe de la rédaction du *Point*. Ma petite sœur, qui apporte son professionnalisme dans cet entretien matutinal où j'essaie de ressembler à un journaliste passionné par son sujet, alors qu'il me fatigue quand il ne m'horripile pas.

Comme je l'ai déjà dit, et je ne me lasserai jamais de le redire, je ne me rends jamais seul aux convocations de Sarkozy. Trop dangereux. Il me faut toujours un témoin pour le cas où il lui prendrait l'envie de raconter ensuite une version mensongère de notre rendez-vous, ce qu'il fait souvent avec les interlocuteurs dans mon genre qu'il déteste.

Avec Sylvie à mes côtés, je ne cours pas ce risque. Le jour venu, devant le tribunal de la haute inquisition déontologique, elle pourra témoigner que je n'ai rien demandé au chef de l'État et qu'il ne m'a rien proposé. Ni Légion d'honneur, ni rien. Pour le reste, il ne me fait pas peur. Cécilia, sa deuxième femme, assurait que c'était un « faux dur » et même un « trouillard ». Elle n'est pas allée jusqu'à le dire, mais n'ayant pas partagé son lit, je peux me permettre, moi, de l'affirmer : Sarkozy n'est fort qu'avec les faibles, les petits ou les obligés.

S'il sent qu'il peut y avoir du répondant, il biaise et balise. J'ai pu le vérifier chaque fois que je l'ai rencontré. Le président de la République ne m'a insulté, menacé de me casser la gueule et traité d'« enculé » qu'au téléphone. Tête à tête, jamais. Au contraire, même dans les pires périodes de nos relations, il a toujours minaudé quand je me retrouvais en face de lui. À plusieurs reprises, il m'a même donné les plus grands plaisirs qui soient en me complimentant sur ma ligne :

« Franz, je me trompe ou tu as maigri ? »

Chaque fois, je me laisse prendre et rougis de contentement. Tout ce qui me reste d'ego s'est réfugié dans mon pauvre corps vieillissant qui lutte, avec plus ou moins de succès, contre le surpoids et l'accroissement de moi-même. Je sais que c'est affligeant, mais ce genre de flatteries est le seul auquel je sois sensible : mes défenses tombent, je perds tous mes moyens.

Normal, Nicolas Sarkozy est si chaleureux. À croire que je suis devenu son meilleur ami. Je sais qu'il joue la comédie mais au bout de quelques minutes, je fonds comme une midinette. J'oublie tout, les insultes comme les sanctions. En ce 9 janvier 2012, il n'est au demeurant plus le même :

« J'ai changé, dit-il avec l'autorité de la conviction. Je suis serein. Même s'il m'arrive de vivre très mal la méchanceté gratuite des médias, je n'ai ni haine ni mémoire. Je crois bien que c'est une de mes grandes faiblesses, cette façon que j'ai de tourner les pages et de ne jamais raviver les plaies. »

Il n'a pas cessé de me fixer. C'est à ça qu'on reconnaît les grands menteurs : ils peuvent proférer les contrevérités les plus avérées les yeux dans les yeux, sans jamais baisser le regard.

« La sérénité, corrige-t-il toutefois, n'est pas un état, mais une recherche, un but qu'on n'atteint jamais. J'adore ce mot : la recherche, c'est lui qui résume toute l'œuvre de Proust, bien plus que "le temps perdu". »

Pourquoi émettre des doutes sur cette profession de foi ? Ce n'est pas le jour. Ce matin, j'ai décidé d'être un caniche présidentiel, de la catégorie des chiens couchés journalistiques, qui aimerait bien décrocher, dans un proche avenir, un entretien exclusif pour son journal, et il ne faut pas compter sur moi pour contredire le chef de l'État que j'approuve, au contraire, à coup de hochements de tête ostentatoires, afin de ne pas entraver un tant soit peu son auguste débit.

Le prince de Venise.

Depuis son arrivée à l'Élysée, il y a bientôt cinq ans, Sarkozy n'a cessé de harceler mes employeurs pour qu'ils me licencient de toute urgence en invoquant ma « perversité » ou mon penchant pour la « trahison ». François Pinault, le propriétaire du *Point*, le journal où je travaille, n'a jamais molli.

Comme il l'a reconnu un jour, le président lui a « régulièrement » demandé ma tête[1]. « Régulièrement », mais sans succès. François Pinault mériterait d'être canonisé au nom de la liberté de la presse qu'il a défendue si âprement, avec stoïcisme et hauteur de vue. Le genre de personnage avec lequel on peut partir à la guerre sans hésiter.

J'ai passé l'âge de dire du bien de mon patron et je le connais assez pour savoir que cet hommage l'indisposera mais, sous le règne de Nicolas Sarkozy, François Pinault a eu droit à tout. Aux menaces, aux pressions amicales, aux hurlements téléphoniques. À plusieurs reprises, il a été convoqué à l'Élysée en plein week-end, toutes affaires cessantes, pour organiser ma succession à la direction du *Point*. Le président avait même trouvé l'oiseau rare : Nicolas Beytout.

François Pinault n'a jamais cédé, comme il n'a au demeurant jamais cédé quand la famille Chirac dont il était pourtant si proche se plaignait du journal. Cet homme n'est pas de notre époque. Pour le comprendre,

---

1. Voir l'article d'Airy Routier dans *Challenges*, le 9 février 2012.

Nicolas Sarkozy aurait dû aller à Venise visiter le Palazzo Grassi et la Douane de Mer, les deux musées que ce mécène a donnés à l'Italie et au monde pour célébrer l'art contemporain.

Il aurait pu y vérifier que François Pinault est un prince, le prince de Venise. Un esthète subversif, qui habite un autre temps, celui de l'honneur, de la parole donnée et de l'indépendance d'esprit. Tant pis pour les ricaneurs, il m'a laissé assez libre pour que je puisse écrire du bien de lui sans avoir le sentiment de trahir mon métier, mais au contraire de le servir.

C'est grâce à lui que Sarkozy n'est pas parvenu à ses fins. Grâce à son fils François-Henri aussi, qui est de la même trempe. Si j'étais tombé sur des patrons avec moins de cran et de classe, comme tant de propriétaires de médias, j'aurais été relégué depuis longtemps au cimetière des rebuts et mauvais coucheurs du sarkozysme, et je ne serais pas là, en pâmoison dans ce salon de l'Élysée, à frétiller sous les regards profonds et caressants d'un président en campagne qui, comme d'habitude, me prend pour un abruti. Un pauvre hère en quête de reconnaissance et si stupide qu'un rien peut suffire à le retourner comme une crêpe. Un sourire, un compliment, une promesse.

Le 14 février 2011, alors que je finissais un essai biographique sur lui, Nicolas Sarkozy m'avait invité à déjeuner à l'Élysée avec Jean-Michel Goudard pour essayer de me convaincre, non sans succès, qu'il avait lu des livres. Auparavant, il s'était enquis de ce que j'aimais manger : j'avais fait mon menu. Et, le jour dit, tout en jouant les examinateurs en lettres modernes, je m'étais gavé de salades et de vin, ce qui constitue mon régime habituel, avant d'écrire un dernier chapitre où je lui donnais un brevet de culture, qui fit bien rire mes amis.

Le dimanche suivant, le chef de l'État m'avait appelé alors que je faisais avec ma femme une grande promenade dans Paris :

« J'ai essayé de te joindre depuis plusieurs jours mais, apparemment, tu as changé de numéro.

— Non. Tu as dû appeler sur celui de mes deux portables qui est HS. Je vais en changer. Mais tu aurais pu me joindre sur mon autre mobile ou bien au journal.

— C'est vrai, pardon. Mais je voulais t'appeler directement pour te dire juste ça : c'est trop bête qu'on se soit perdu si longtemps de vue... »

Tout cela sonnait faux. Il est vrai que cet homme sonne souvent faux. Je me suis même demandé s'il ne se moquait pas de moi quand il a ajouté :

« J'ai adoré ce déjeuner. C'est tellement agréable de passer du temps avec des gens intelligents qui ne s'intéressent qu'aux choses importantes comme la littérature. J'ai fait le premier pas. À toi de faire le suivant. Revoyons-nous, ma porte t'est ouverte quand tu veux. »

Deux ou trois jours plus tard, Nicolas Sarkozy invita François-Henri Pinault à déjeuner. Il lui demanda ma tête avec des arguments d'une folle distinction : « Vire-le. C'est ton pognon, merde ! »

8
Le fils de Balladur

« Le cynique est un homme qui connaît le prix de tout et la valeur de rien. »
Oscar WILDE

Qu'est-ce qui m'a toujours gêné chez Sarkozy ? Sûrement pas sa propension à vous hurler dessus : la colère est la force des pleutres et, dans son cas, elle fait souvent pitié.

Ni son intarissable babil de tyranneau latino-américain qui laisse à penser qu'il parle même quand il dort : mort, il jactera encore, j'en suis sûr. C'est comme une maladie.

Ni, enfin, son incroyable confiance en soi de Napoléon de poche, toujours en autopromotion : inutile de convoquer la psychanalyse pour comprendre qu'il a trouvé là le moyen de noyer les doutes qui le travaillent.

Tout cela le rendrait presque touchant, n'était son cynisme de Machiavel de Lion's Club. De tous les politiciens que j'ai croisés en quarante ans de journalisme, il aura été l'un des plus doués, mais aussi l'un des plus vulgaires et des plus impitoyables, toujours la menace à la bouche quand on le contredit, une psychologie de serpent à sonnette, une subtilité de couteau de boucherie, sans foi ni loi, prêt à tout pour conquérir ou conserver le pouvoir. La définition du balladurien.

J'ai vécu l'avènement de l'engeance balladurienne dans les années 90. Il était logique qu'à cette époque Sarkozy trahisse Chirac à qui il devait tout pour Balladur qui, pareillement, devait tout à Chirac. C'était le même sang qui coulait dans leurs veines, celui des parjures. Judas était leur saint patron.

Il y avait chez Balladur comme chez Sarkozy la même avidité, la même jouissance et la même obsession du pouvoir. La même absence totale de scrupules. Deux caricatures de politiciens louis-philippards ou de bourgeois flaubertiens, comme on voudra, à tu et à toi avec tous les oligarques de France, inaptes à la poésie ou au désintéressement, qui n'avaient que mépris pour celui qui les avait faits roitelets. Pour le reste du monde aussi, en vérité.

Avant les élections législatives de 1993 où la droite allait l'emporter largement, Jacques Chirac et Édouard Balladur avaient passé un pacte : le deuxième irait à Matignon pendant que le premier se préparerait pour la présidentielle. Leur contrat moral a volé en éclats le jour même où Balladur est devenu Premier ministre. Une rupture programmée, comme j'ai pu le constater moi-même avec un étonnement non dénué d'effroi.

Quelques heures avant que Mitterrand le nomme à Matignon, Balladur m'invita à passer le voir dans ses bureaux provisoires du boulevard Saint-Germain. C'est le 29 mars 1993, alors même qu'il était en train de former son gouvernement, que, pour la première fois, il instruisit devant moi le procès de Chirac qui lui cédait le fauteuil de Premier ministre, un fauteuil qui lui revenait pourtant, en tant que chef du parti majoritaire. Je n'en croyais pas mes oreilles. Pendant la quarantaine de minutes que dura notre entretien, Chirac, alors maire de Paris, l'appela trois fois et le futur Premier ministre levait les yeux au ciel en écoutant ses recommandations. Il ne cachait pas son agacement à son interlocuteur et ne lui répondait que par des borborygmes.

Avant que je prenne congé, il laissa tomber, les joues encore rouges du vin du déjeuner, d'une voix tremblante de colère contenue :

« Vous voyez, les problèmes commencent déjà avec Chirac. Je n'en peux plus, de ce type. Il m'a encore fait une mauvaise blague tout à l'heure, lors d'une réunion des responsables de notre parti, à l'Hôtel de Ville. Il a montré sa place en disant : "Ne vous asseyez pas là, Édouard. C'est mon siège." Je n'aime pas son humour, il est tellement lourd, aucune distinction. De toute façon, ce pauvre garçon n'est pas au niveau, vous comprenez. C'est ça, le problème. Il ne s'en rend pas compte, il faudrait que quelqu'un se dévoue pour le lui dire. Je ne comprends pas pourquoi il s'obstine à vouloir devenir président. Il ne pourra jamais, il n'a pas la hauteur de vue suffisante ni l'intelligence des situations... »

Le caniche et les deux petits fauves.

En sortant de mon rendez-vous, je me trouvais devant un dilemme. J'avais envie d'aller de ce pas répéter à Chirac ce que je venais d'entendre et, en même temps, je répugnais à sortir de mon rôle de journaliste, fût-ce pour dénoncer une infamie. Je choisis de ne pas me mêler de cette histoire qui, pourtant, me soulevait le cœur.

Quelques jours plus tard, je fus rassuré : alors que je prononçais devant Chirac le nom de Balladur, ses lèvres esquissèrent une grimace évocatrice, comme s'il allait cracher. Il me laissa entendre, ensuite, qu'il avait compris la nature du Premier ministre qu'il venait de donner à la France, celle d'un traître de comédie. Cependant, il le sous-estimait. Pour lui, ce n'était pas un fauve mais un animal domestique. Un bon chien de compagnie, bien shampouiné, un peu sournois et plein de suffisance. Il suffirait de caresses ou de menaces pour le circonvenir.

Il ne savait pas que Balladur avait auprès de lui deux petits fauves qui étaient en train de se faire les dents : Nicolas Sarkozy, son ministre du Budget, et Nicolas Bazire, son directeur de cabinet. À eux trois, ils formaient un trio de choc et nourrissaient le même mépris envers Chirac.

Il est vrai que Chirac, écartelé entre sa joie de vivre, sa mauvaise conscience et sa haine de soi, se méprisait lui-même. C'est au demeurant ce qui faisait son charme. Il ne fallait pas trop le secouer ; derrière la façade, il était tout rongé de l'intérieur et risquait à tout moment de tomber en morceaux ou dans l'alcool.

Au contraire, le trio Balladur-Sarkozy-Bazire ne connaissait pas d'affres ni même de doutes. Ils étaient simplement pressés d'en finir avec Chirac. Trois comploteurs d'arrière-salle aux poches pleines, très contents d'eux et même ivres de leur génie. Un jour que j'avais rendez-vous à Matignon, Balladur m'invita à prendre le café avec ses deux Nicolas : Bazire et Sarkozy. Ils suçaient leurs cigares comme des bébés qui s'acharnent sur leurs tétines, et, affalés dans leur fauteuil, donnaient des signes d'avachissement. Mais ils faisaient froid dans le dos, avec leurs sourires assassins et leurs regards pleins d'avidité. Une réunion de brigands. Je dirigeais alors la rédaction du *Figaro* et ils ne supportaient pas que ce journal ne fût pas leur organe de propagande. Je me sentais comme le demi-sel que les patrons de la mafia ont décidé de dessouder, j'étais condamné à regarder mes chaussures.

J'eus droit à un festival de récriminations, puis, en me raccompagnant à la porte, Balladur susurra, la bouche en cul-de-poule :

« Vous m'avez beaucoup déçu, mon cher Franz. »
Je fis l'imbécile :
« Et pourquoi ça ?
— Vous ne lisez pas votre journal...
— Qu'est-ce qui ne va pas ?
— Je veux qu'il fasse campagne pour nous.
— Ce n'est pas sa vocation.
— C'est votre opinion. Moi, ce que je veux, c'est qu'il me soutienne. Je trouverai les moyens de vous faire plier. Hersant a beaucoup de problèmes financiers, vous savez. On peut l'aider mais on peut aussi lui mettre le nez dedans. »

Je sus que le Premier ministre chercha, par la suite, à prendre langue avec Robert Hersant, le propriétaire du *Figaro*, mais c'était « l'Arlésien », cet homme-là : « Je ne veux pas voir Balladur, m'avait-il dit. Outre qu'il est emmerdant comme la pluie, je sais ce qu'il veut : me transformer en carpette. Je n'ai plus l'âge. »

Un jour, Édouard Balladur avait quand même réussi à le joindre au téléphone, pour se plaindre d'un dessin de Jacques Faizant sur sa baisse dans les sondages et d'un entretien critique de Michel Rocard sur sa politique économique : « En plus, il m'a menacé, ce con, me confia Hersant, indigné. Sur un ton, je ne vous dis pas ! Même à la grande époque du général de Gaulle ou de Mitterrand, alors que j'étais dans l'opposition, on ne m'a pas parlé comme ça. Ces gens-là veulent faire de nous leurs esclaves ou leurs laquais, ils sont capables de tout. Il faudra s'en souvenir. »

Balladur : « Faites attention, nous savons beaucoup de choses sur vous... »

Le même jour, alors que je sortais d'un petit-déjeuner avec Nicolas Bazire, j'avais croisé le Premier ministre, toujours rose de bonheur, mais le regard noir, très noir. Sa main gélatineuse me prit par le bras et m'entraîna dans la salle d'attente, jusqu'à la fenêtre qui donne sur la cour de Matignon. Je sens encore son haleine de vieille camomille chatouiller mes narines.

C'était le 21 février 1994. J'ai retrouvé mes notes de l'époque et peux restituer notre conversation. Pas un mot sur le journal du jour mais un long dégueulis d'insinuations fielleuses :

« Vous savez que nous sommes très bien informés, dans cette maison.

— C'est la tradition, murmurai-je, histoire de dire quelque chose.

— Faites attention, nous savons beaucoup de choses. Beaucoup, vraiment beaucoup.

— Sur moi ?

— Par exemple.

— Et alors ? Qu'est-ce que vous voulez que ça me fasse ?

— À vous, rien, peut-être, mais à vos proches... »

Il y eut un silence de sidération, comme celui qu'aurait provoqué un rat traversant à vive allure la salle d'attente de Matignon.

« Que voulez-vous dire ? ai-je fini par demander d'une voix blanche.

— Oh ! Rien. C'est à vous d'imaginer.

— Si vous faites allusion à ma vie privée...

— Je n'ai rien dit, gloussa-t-il comme une grosse poule.

— Si c'est le cas, sachez que ma femme est au courant de mes écarts...

— Il n'y a donc pas de problème », ironisa-t-il.

Le Premier ministre avait compris que je bluffais. Il était mou, lâche et fourbe, mais il n'était pas bête. Il savait que j'étais une machine à aimer, une machine emballée que je ne contrôlais plus. Je pris congé de lui avec le sentiment d'avoir été sali et une envie irrépressible de me laver les mains. Il est vrai que cet homme semblait toujours vous présenter son postérieur avec sa bouche en forme de fondement, ce qui expliquait son air si pénétré. Son menton même, si proéminent, aurait pu passer pour une paire de fesses, couchée sur le côté.

Ce 21 février 1994 ne fut pas mon jour. Quelques heures plus tard, si j'en crois mes notes de l'époque, je m'étais retrouvé en face de Valéry Giscard d'Estaing pour qui j'avais du respect, en revanche, mais qui, n'appréciant pas une de mes questions, m'avait dit de toute sa hauteur :

« Il n'y a qu'une chose que je ne comprends pas. Pourquoi cherchez-vous à me faire dire du mal du Premier ministre alors que vous dirigez son journal officiel ?

— Vous faites erreur. Il est aussi furieux que vous l'êtes contre nous, ce qui prouve qu'on doit être indépendants et vous m'en voyez ravi. »

Alors, Giscard, la voix sifflante :

« Vous savez, un directeur de journal officiel, ça se change. »

Des transcriptions d'écoutes téléphoniques très personnelles.

Quelques jours plus tard, j'avais raconté à Mitterrand mon étrange dialogue avec Balladur. Il parut suffoqué :

« Je savais ces gens dénués de tout scrupule, mais je n'imaginais pas qu'ils pourraient aller jusqu'à fouiller dans votre vie privée pour envoyer ensuite, j'imagine, des photos ou des lettres anonymes à votre femme. Depuis que je suis entré dans la vie politique, je n'ai jamais entendu parler de quelque chose comme ça. Jamais. »

Même s'il les surjouait, j'étais sensible à sa compassion et à son indignation.

« Il faut que Chirac se méfie, reprit-il, je le lui dirai. Vous, je vous conseille de devenir raisonnable. Quant à moi, ça va, il n'y a plus grand-chose à craindre de ce côté-là, ce n'est plus de mon âge. »

Le cancer ne lui avait plus laissé que la peau sur les os et François Mitterrand esquissa un sourire de tête de mort, plein de dents à demi déchaussées :

« En matière de perversité, je m'y connais mais ce Balladur est pire que je ne l'ai jamais été, je le constate tous les jours. S'il le pouvait, avec sa petite clique, il mettrait de la ciguë dans mes médicaments. C'est un aigri et un jaloux. Il dit tout le temps du mal des gens, y compris des siens. C'est pourquoi il n'arrive pas à susciter des passions ou des fidélités. »

Le 24 juillet 1994, toujours selon mes notes, Balladur décida de me faire des frais. Il m'invita à passer le voir à Matignon et me tint ce langage :

« J'ai compris qui vous êtes : un type ficelle. Vous ne serez jamais un ami, je n'ai rien à attendre de vous.

— Vous avez raison.

— Merci de me le confirmer. Ainsi nos relations seront plus claires, on n'a plus de raison de se fâcher. »

Il ne lâcha pas l'affaire pour autant. Les jours, les semaines, les mois suivants, le Premier ministre ou l'un de ses deux sbires, Bazire ou Sarkozy, continuèrent à téléphoner plusieurs fois par semaine aux différents responsables du journal pour s'indigner que *Le Figaro* publiât des informations qui ne fussent pas à la gloire du gouvernement.

Toujours ce 24 juillet 1994, Bazire entra dans le bureau du Premier ministre auquel il demanda une signature. C'était une sorte de héron avec un nez comme un bec, encore que l'image d'une grande serpe sur jambes lui eût bien correspondu aussi. Il ne m'avait pas à la bonne, mais j'aimais ses manières franches et carrées. Quand il fut ressorti, je dis à Balladur :

« Voilà un type qui ira loin.
— Ah ! Vous croyez ?
— Il est très brillant. Quelle maturité pour ses trente-sept ans ! »

Balladur s'était rembruni comme le propriétaire qui ne supporte pas qu'on louche sur son arpent de terre.

« Il me doit tout, corrigea-t-il. C'est pourquoi il m'est tellement dévoué. Il sait que sa réussite ne dépend que de la mienne.
— N'en soyez pas si sûr, dis-je avec un certain sadisme. Il est tout à fait capable d'y arriver tout seul. »

Je lui avais gâché sa journée : on a les bonheurs qu'on peut. Il me semblait que c'était de la bile qui coulait dans les veines du Premier ministre et qui lui montait aux lèvres, à en croire l'expression pincée de son fondement buccal.

C'est à cette époque que Bazire avait fait savoir à l'un des amours de ma vie, une des femmes que j'ai le plus aimées, qu'il disposait de pages et de pages de transcriptions d'écoutes téléphoniques avec le nouvel amour de ma vie, une grande passion, pour qui je la trahissais, en trahissant, de surcroît, la mère de mes enfants, l'épouse idéale. Le dossier, constitué aux frais de l'État, montrait, avec éclat, quel monstre de duplicité j'étais. Avec ça, foutraque, obsédé et libidineux. En somme, ridicule.

J'imagine que Bazire avait lu dans un vieux roman d'espionnage que les services secrets déstabilisaient ainsi leurs cibles. Je ne pouvais lui en vouloir, j'étais sûr qu'il agissait sur ordre.

Je ne dis pas que Sarkozy eût été capable d'une telle action. Mais il était issu de cette école-là, celle, amorale, du lénino-balladurisme où la fin justifie les moyens, tous les moyens...

9
La faute à Chirac

> « On est parfois horrifié de se découvrir soi-même en un autre. »
>
> Julien GREEN

Il y a une tradition bien établie dans la littérature et les arts plastiques : répéter qu'on est un génie. C'est la meilleure façon d'être pris au sérieux et, à force, ça devient vrai, le temps d'une génération.

C'est la stratégie qui fut adoptée par André Malraux, Jean-Paul Sartre, Jean-Edern Hallier ou Philippe Sollers. Aucun de ces personnages n'était au demeurant dénué de talent, mais ils ont tout essayé, au cours de leur vie, pour faire partager la haute idée qu'ils avaient d'eux-mêmes.

Ils ont tous eu leurs adorateurs ou leurs chiens de garde. Jean-Paul Sartre disposait ainsi de Simone de Beauvoir, bien plus talentueuse que lui, qu'il avait transformée en attachée de presse travaillant à la légende de son grand homme. Mais tout le monde n'a pas eu la chance de Sartre.

La plupart du temps, il vaut mieux faire l'article soi-même. Ce travers est aussi répandu dans le monde politique. Jacques Chirac y cédait rarement. François

Mitterrand, très souvent. Nicolas Sarkozy, tout le temps. Il est en promotion permanente. Si l'on considère que le seul amour qui dure, c'est l'amour-propre, le président sortant a pris une assurance tout risque.

Le 9 janvier 2012, je n'ai même pas enfourné ma première tartine de pain grillé que le chef de l'État s'est déjà lancé dans une ébouriffante autocélébration : « Penser que la volonté peut tout est un grand défaut. C'est ma faille, mais c'est aussi ma force. Moi, que voulez-vous, je ne vis pas au jour le jour, je crois aux projets, aux idées et même à la transcendance. »

Là-dessus, il se lance dans une digression sur Jacques Chirac qui lui aurait demandé un jour : « Qu'est-ce que tu as à parler tout le temps de religion ? »

« Ce qui m'intéresse, aurait répondu Sarkozy, ce n'est pas la religion, c'est la transcendance.

— Ce n'est pas d'actualité. »

Alors, Sarkozy : « La mort non plus n'est jamais d'actualité. C'est pourquoi elle nous surprend toujours. »

Il est content de sa réplique qui était censée claquer le beignet de l'ancien président. Pour un peu, Sarkozy la répéterait bien.

Je crois entendre une sorte d'essoufflement dans sa respiration, comme quand la haine bloque la poitrine. C'est le souvenir de son prédécesseur qui s'invite à nouveau dans la conversation :

« Si j'ai eu du mal au début de mon mandat, c'est sans doute parce que je n'étais pas préparé au métier de chef d'État dans un monde nouveau où le national et l'international sont totalement imbriqués et puis aussi parce que, pendant les cinq années qui ont précédé mon élection, j'ai été harcelé de toutes parts. Il faut se rappeler : ce fut une période très violente avec un président sans cesse en campagne contre moi et puis, en plus, ma femme qui s'en va. »

Tout est toujours la faute de Chirac. C'est normal. Quand j'étais au *Figaro*, un jour que je décidai de garder auprès de moi un de mes adjoints qui m'avait manqué, Robert Hersant, le propriétaire d'alors, tenta de m'en dissuader : « Il vous a trahi une fois, il vous trahira toujours, pour se prouver à lui-même qu'il avait raison de le faire la première fois. » J'aurais dû l'écouter. C'est en effet ce qui se produisit.

Sarkozy continuera à trahir Chirac même quand son ancien mentor sera mort.

Le chiraquisme économique de Sarkozy.

Si Sarkozy a raté son début de mandat par la faute de Chirac, y a-t-il au moins quelques points sur lesquels il doit faire son mea culpa ? Le président sortant secoue énergiquement la tête :

« Je ne vais pas battre ma coulpe en versant des larmes de crocodile. Ce serait peut-être ficelle, mais ça n'aurait aucun sens. J'ai trop écrit contre l'inanité des repentances pour que cette voie me soit permise. N'importe comment, j'ai fait sans fébrilité ni drame national toutes les réformes que j'avais promises pour que la France garde son rang. Je dis bien toutes les réformes. Sauf la taxe carbone, mais ce n'était pas ma faute : le Conseil constitutionnel l'a retirée. Quant au rallongement de l'âge de la retraite à soixante-deux ans, rien ne m'obligeait à le faire. Je l'ai fait au prix de neuf manifestations nationales parce que je pensais qu'il fallait le faire.

— Est-ce que cette réforme n'a pas été insuffisante et trop tardive ?

— Je te vois venir. Après avoir expliqué que je faisais trop de réformes en même temps, on va m'accuser maintenant de n'avoir rien fait pendant mon mandat. Le problème des présidents, dans notre pays, c'est qu'ils rentrent vite dans le rang. Moi, franchement, on ne peut pas dire que j'y sois jamais retourné. Je continue mon chemin pour remettre ce pays en état. »

Le président me fait de la peine. Tout son être me dit qu'il sent que son échec électoral est programmé. Ses sourires sont cassés et, par moments, une douleur assombrit son regard. Quelque chose le tord et le tourmente intérieurement. Le pouvoir est en train de se dérober devant lui.

Je pourrais utiliser la métaphore de l'amour perdu et dire qu'il est redevenu l'homme qui, dans les dernières semaines de leur vie à deux, dormait dans le même lit que Cécilia en sachant qu'elle partirait un jour pour ne plus revenir. Il m'a tant parlé jadis de cette souffrance qui coulait. Des silences glaçants et de la boule qui grossit dans le ventre.

Mais non. Le visage est plus tragique encore qu'au moment du divorce de 2007. Il est comme les bêtes d'abattoir qui attendent leur tour. Tout est perdu, mais il reste debout, ne lâche pas l'affaire, et continue d'avancer, non sans cran, comme un automate, en protestant et en défendant son bilan qui va se solder dans quatre jours par la perte du triple A de la France, décrétée par l'agence de notation Standard and Poor's.

Une sanction à laquelle il s'attendait, mais qu'il refusait d'évaluer à sa juste mesure. Sans doute est-elle injuste, mais Sarkozy va payer pour Mitterrand, Chirac, Balladur et Jospin, ce dernier étant, et de loin, le moins irresponsable de tous. Pour son incapacité à avoir opéré une vraie rupture avec le laxisme de ses prédécesseurs. Pour trente ans de bêtises et d'impéritie, quand la France empruntait à tour de bras pour faire ses réformes et entretenir à grands frais son modèle social que le monde entier était censé nous envier.

Certes, au début de son mandat, Sarkozy a tenté de freiner les dépenses pour empêcher la France de dévaler la pente des déficits et de l'endettement, mais mollement, sans forcer, parce qu'il privilégiait le retour à la croissance qu'il prétendait décréter. Cette croissance que Chirac, avant lui, a toujours cherchée envers et contre tout, quitte à mettre en péril les finances publiques.

S'il est un domaine dans lequel Sarkozy n'a pas procédé à cette « rupture » tant promise avec le chiraquisme si honni, c'est bien l'économie. Il s'est mis dans les pas de Chirac qui était, comme lui, un maniaque de la relance. Un pseudo-volontariste, incapable de prendre les mesures d'assainissement qui s'imposaient pour faire repartir la machine. Un fanfaron pusillanime.

Encore une ironie de l'Histoire : économiquement, Sarkozy a fait du chiraquisme sans le savoir...

10
La mort de Balzac

« Chaque jour à vivre est une victoire. Chaque jour vécu, une défaite. »

Frédéric DARD

Le 24 janvier 2012, c'est *Le Figaro* qui, le premier dans la presse, a fait part des doutes du président. Dans un article qui fera couler beaucoup d'encre, Charles Jaigu et Solenn de Royer révèlent que Nicolas Sarkozy commence à envisager la perspective de sa défaite. « Franchement, ça ne me fait pas peur, lui font-ils dire. J'ai cinquante-six ans, j'aurai été président, après, vous voulez que je fasse quoi ? Que j'organise une section UMP ? Non, je changerai de vie. Complètement. Vous n'entendrez plus parler de moi. Pour faire des choix heureux, il ne faut pas les faire à moitié. »

Plutôt que de s'accrocher à la politique, le président préférerait encore une retraite au carmel : « Au carmel au moins il y a de l'espérance ! » Mais non. Il sait déjà ce qu'il fera. Il se lancera dans les affaires et, pour se faire comprendre, met sa main sur sa veste, à la hauteur du portefeuille. Élégant.

C'est le 21 janvier précédent, en visite en Guyane, que le président s'est lâché auprès de plusieurs journalistes.

Un gros coup de déprime. Sur les photos, on dirait qu'il est atteint de la maladie de la terre : son visage est gris Wilmotte, du nom du célèbre architecte. Il est venu avec son homme de main, Claude Guéant, dont les manières et le ton cérémonieux de croque-mort professionnel tuent l'ambiance. Les membres du gouvernement qui l'accompagnent font donc des têtes de funérailles nationales. Il n'y a plus à tortiller, c'est l'équipe qui perd. Ce que confirme le chef de l'État en distillant des confidences funèbres comme celles-ci :

« Si je suis candidat et battu, tout s'arrête. Si je suis candidat et élu, ça s'arrêtera aussi, dans cinq ans. De toute façon, je suis au bout. Pour la première fois, je suis confronté à la fin de ma carrière. »

« Fin de carrière. » Nicolas Sarkozy est en train de faire son travail de deuil quelques semaines avant l'échéance. Certes, il a bien l'intention de se battre jusqu'au bout, mais il lui semble qu'il est fait.

Il connaît la suite de l'histoire : en politique, on gagne toujours ensemble mais on perd toujours tout seul. Dans *Le Monde*[1], Arnaud Leparmentier et Vanessa Schneider citent une autre confidence : « Si on veut être aimé dans le futur, il faut couper. » Saura-t-il couper ?

Après le petit-déjeuner à l'Élysée, douze jours plus tôt, il avait évoqué sans raison apparente *La Mort de Balzac* d'Octave Mirbeau. Un petit texte fascinant que tous les lettrés connaissent et qui raconte l'agonie de l'écrivain avec une crudité inouïe.

Qu'il en parlât ce jour-là, dans ce climat crépusculaire et avec ce visage défait, était passionnant, psychanalytiquement parlant. Même s'il ne s'en rendait pas compte, il était hanté par l'idée de sa propre mort politique.

---

1. *Le Monde*, le 25 janvier 2012.

Avec la cuistrerie avantageuse dont je n'use que devant Sarkozy, lettré de fraîche date mais déjà très sûr de lui, je lui dis que ce court récit publié en 1907 avait longtemps été interdit et qu'on ne l'avait redécouvert que récemment. Le président m'arrêta d'un geste de la main en levant les yeux au ciel : « Qu'est-ce que tu me fais là ? »

Il savait tout cela.

Octave Mirbeau est un écrivain dont la meule du temps n'a pas laissé grand-chose, mais que François Mitterrand aimait bien, qui allait parfois se recueillir sur sa tombe, au cimetière de Passy. Un journaliste antisémite et antirépublicain qui avait basculé à gauche, auteur d'excellents romans comme *Le Journal d'une femme de chambre* (1900) ou de pièces à succès comme *Les affaires sont les affaires* (1903). Jules Renard disait de lui : « Il se lève triste et se couche furieux. » La formule pourrait très bien s'appliquer à Nicolas Sarkozy. Ces temps-ci, surtout, alors que s'éteignaient un à un les feux du pouvoir.

« Une affreuse odeur de cadavre. »

Plus j'y pensais, moins je doutais qu'il y avait chez Sarkozy une sorte d'identification métaphorique avec le grand homme à son couchant, raconté par Mirbeau :

« Balzac était presque toujours alité. Un cercle de fer se resserrait, de plus en plus, sur sa poitrine. Il passait ses nuits à suffoquer, cherchant vainement, devant la fenêtre ouverte, à happer un peu de cet air qui ne pouvait plus dilater ses poumons. Ses jambes enflaient, suintaient ; l'œdème gagnait le ventre, le thorax. Il ne se plaignait pas, ne désespérait pas. Confiant, comme il avait attendu la fortune, il attendait la guérison pour se remettre au travail, avec une jeunesse, une énergie, un immense besoin de créer qui le soutinrent jusqu'à l'agonie. Au milieu de la putréfaction de ses organes, le cerveau demeurait sain, intact. L'imagination y régnait en souveraine immaculée. Il ne cessait de faire des projets, des plans de livres, des plans de comédies, accumulait des matériaux pour l'œuvre à venir. »

Chaque jour, Balzac dit à son médecin : « Pensez-vous que je puisse reprendre la besogne ? Hâtez-vous ! Il le faut !... Il le faut !... »

Victor Hugo, son ami et admirateur, a écrit de belles pages sur l'incroyable énergie vitale de ce génie national qui refusait de plier devant la mort, tandis que la pourriture envahissait sa chair, morceau par morceau. Mais il n'a pas dit, comme le rapporte Octave Mirbeau, que Balzac est mort seul, comme un chien, abandonné de tous, y compris de la femme de sa vie, Mme Hanska, qu'il venait d'épouser et qui se faisait lutiner par le peintre Jean Gigoux alors même que lui étouffait.

Cette agonie solitaire fait penser à tant de fins de règne : les vieux rois s'en vont toujours après que les courtisans sont partis. C'est ce qui arrive depuis des mois à Jacques Chirac dont le téléphone a cessé de sonner, le laissant face à lui-même, à son Alzheimer et à sa femme Bernadette qu'il surnomme « maman » ou « bobonne » pour se venger des vexations qu'elle lui fait subir. Il ne reçoit plus guère que la visite de Jean-Louis Debré, président du Conseil constitutionnel, dont la loyauté et la fidélité réconcilieraient les plus rétifs avec la politique. François Baroin aussi passe de temps en temps.

Dieu merci pour lui, Jacques Chirac oublie tout. Même les bons moments, hélas. Après avoir fêté, le 29 novembre 2011 au soir, ses soixante-dix-neuf ans avec sa famille et quelques amis comme le couple Pinault, l'ancien chef de l'État appelle Debré, le lendemain matin :

« Jean-Louis, ça serait bien qu'on se voit.
— Mais on s'est vus hier soir !
— Ah bon ! »

Jacques Chirac s'est remis à fumer mais en catimini, dans son bureau, pour ne pas subir les foudres de Bernadette. Profondément déprimé, il reste prostré de longs moments. Il ne se plaint pas, ce n'est pas son genre, mais il s'ennuie à mourir. Sauf quand il se rappelle le bon vieux temps avec les copains ou que, au restaurant, il regarde passer les jupes des filles.

Il ressemble parfois à ces gens dont on se dit qu'ils ont oublié de passer. Sans doute n'est-il pas surpris par son sort. Je suis même sûr qu'il regarde la mort en face. C'est sa force. Ce ne sera certes pas celle de Sarkozy qui n'a pas encore compris que son piédestal est vermoulu et que, le jour venu, quand il en sera tombé, il mourra seul, comme tout le monde.

Je ne vois pas les Fillon, Juppé, Copé, Pécresse ou Wauquiez l'assister dans ses derniers instants d'homme politique. Il les a trop humiliés et piétinés. Ils feront des têtes d'enterrement, en attendant l'héritage, mais aucun des prétendants au *leadership* de la droite ne le regrettera. Sauf Kosciusko-Morizet, et encore.

Balzac n'a pas été mieux loti. Avant qu'il expire, il n'est venu personne pour lui dire au revoir, « ni famille ni amis », sauf son médecin et les Hugo.

Jean Gigoux raconte à Octave Mirbeau : « Balzac s'en allait, mourait par le bas, mais le haut, la tête, restait toujours bien vivant. La vie était si fortement ancrée en ce diable d'homme qu'elle ne pouvait même pas se décider à quitter un corps presque entièrement décomposé... Et il y avait, dans toute la maison, une affreuse odeur de cadavre. »

Il n'y a pas, à l'Élysée, ce matin-là, d'odeur de cadavre, mais il est vrai que Nicolas Sarkozy a le teint décomposé.

La mort, si elle n'est que virtuelle, rôde autour de lui, pressée de tout effacer. Ses mises en scène. Ses effets d'annonce. Ses coups d'esbroufe.

Pour un peu, il ferait pitié.

Il est vrai que la plupart des gens à leur crépuscule font toujours un peu pitié. Même Sarkozy. D'autant que son colossal ego l'empêche de voir ce qui l'attend. Les désertions. Les trahisons. Les vengeances. L'imposture de la postérité.

J'ai honte d'ajouter mes pierres à toutes celles qui commencent à pleuvoir sur lui, avant la lapidation générale, mais je ne peux pas m'en empêcher. Je sais néanmoins que je vais m'arrêter : il inspirera bientôt le respect que l'on doit aux dépouilles mortelles.

Le lendemain de la mort de Balzac, quand les mouleurs vinrent prendre l'empreinte de son visage pour les siècles des siècles, il leur fallut déclarer forfait : « La décomposition avait été si rapide que les chairs de la face étaient toutes rongées... Le nez avait entièrement coulé sur le drap... »

11
Mauvaise note

« Je ne pense jamais à l'avenir. Il vient bien assez tôt. »

Albert Einstein

« Vous verrez, je ridiculiserai tous ces connards de la presse. Je vais exploser ce nul de Hollande façon puzzle. »

C'est le genre de tartarinades que me rapportent régulièrement, avant sa déclaration de candidature, les derniers visiteurs de Nicolas Sarkozy.

Sous l'avalanche des sondages calamiteux pour lui, le président sortant refuse toujours de plier. Telle est la force du politique, surtout quand il est de cette trempe-là : sans ses œillères, son aveuglement et sa capacité à s'auto-intoxiquer, il ne serait qu'un bouchon au fil de l'eau. Un rien.

Je serais à sa place, je ne me battrais même pas, je retournerais à mes livres et à mes oliviers. Mais il est sûr que son talent et son charisme auront raison de tout. J'aimerais croire en moi à ce point et, en même temps, je le plains.

Psychologiquement, il n'a pas perdu, loin de là. Mais moralement, politiquement ou économiquement, c'est un échec symbolisé par trois dates :

– Le 6 mai 2007, quand, faisant un doigt d'honneur à ses électeurs, il fête au Fouquet's sa victoire avec la ploutocratie française réunie au complet.

– Le 21 septembre 2007, quand, au lieu de l'approuver et de prendre les mesures qui s'imposent, il pique la colère du quinquennat contre François Fillon après que son Premier ministre a déclaré avec un certain cran qu'il était à la tête d'un État « en situation de faillite ».

– Le 13 janvier 2012, quand, en dépit des deux plans de rigueur qu'il a fait adopter coup sur coup pour se ménager les bonnes grâces des agences de notation, Standard and Poor's retire son triple A à la France.

Standard and Poor's lui a décoché une flèche qui ne cessera plus de le faire saigner. Sarkozy ne s'était-il résigné que tardivement à une politique de rigueur pour échapper à une dégradation dont il exagérait les conséquences ? Pourquoi ne s'est-il pas attaqué à la dette et aux déficits dès 2007 ? 2008 ? 2009 ? 2010 ?

Il y a là quelque chose d'incompréhensible. Une faute stratégique originelle. Si Sarkozy avait tenté, dès son arrivée à l'Élysée, quitte à affronter la rue, de régler la question des finances publiques au lieu de la nier, il serait aujourd'hui en meilleure posture et peut-être même en mesure de recueillir les fruits de sa politique. En somme, il a tout fait à l'envers : comme nous l'apprend l'Histoire, dans les démocraties, les décisions difficiles se prennent toujours en début de mandat.

Certes, la perte du triple A n'a pas déclenché la catastrophe annoncée en entraînant l'augmentation prétendument automatique des taux d'intérêt, qui devait mettre les entreprises à plat et, du coup, accélérer la hausse du chômage. Elle a néanmoins jeté l'opprobre sur le bilan économique de Nicolas Sarkozy.

Était-ce injuste ? Sarkozy a payé le laxisme de la première partie de son mandat, quand il voulait être « le président du pouvoir d'achat ». Il a été sanctionné pour son erreur d'analyse quand, après son élection, il ne songeait qu'à relancer, sans se soucier de l'endettement et des déficits dont il avait hérité.

Comme l'a écrit Nicolas Baverez à propos des politiciens français, « tous s'en remettent à la croissance pour éluder les réformes alors que les réformes, en France et en Europe, sont la condition pour débloquer la croissance, qui plafonne à moins de 1 % depuis dix ans[1] ».

Économiquement, Sarkozy a commis l'erreur de tous ses prédécesseurs depuis 1981 : en arrivant à l'Élysée, il ne s'est pas préoccupé des grands équilibres. Il a pensé qu'il suffirait d'un claquement de doigts pour réveiller la croissance qui, ensuite, réglerait tous les problèmes structurels de la France, résorberait les déficits et réduirait la dette publique, alors qu'il eût fallu faire le contraire : assainir, puis relancer.

Balladur, le Premier ministre le plus catastrophique de la Ve.

Nicolas Sarkozy est tout de suite retombé dans le balladurisme. Un courant politique que les politologues complaisants ont classé dans la famille orléaniste, alors qu'il n'est, en réalité, que sa dégénérescence : un mélange d'affairisme et de goinfrerie. La droite d'argent, sale y compris.

Mentor de Nicolas Sarkozy, Édouard Balladur fut aussi, de 1993 à 1995, le Premier ministre le plus catastrophique de toute l'histoire de la Ve République, mais il a su donner le change en ruinant les finances de la

---

1. *Le Point*, le 16 février 2012.

France, sous les coups d'encensoir des médias enamourés, qui n'y ont vu goutte.

Édouard Balladur a réussi l'exploit d'augmenter de dix points en deux ans le taux d'endettement de la France par rapport à son PIB. Il a tout lâché; face aux mouvements sociaux, il était si ostensiblement faible que c'en devenait du courage. Tout cela pour s'acheter à crédit une élection présidentielle qu'il a finalement perdue. Le bouffon!

Les années Balladur, c'était le temps du cynisme en blazer, pochettes et mocassins à glands. Tel était en effet l'uniforme du balladurisme, idéologie qui consistait à conformer les décisions politiques aux enquêtes d'opinion, avec la prochaine élection en ligne de mire, quitte à naufrager les finances publiques.

Les années Balladur, c'était aussi la nuit du Fouquet's tous les jours : matin, midi et soir, Édouard Balladur passait son temps avec les oligarques de France. « Des gens comme Balladur et Sarkozy sont trop fascinés par l'argent pour faire une grande carrière, me disait Chirac à l'époque. Ils baignent dedans, ils finiront par s'y noyer, vous verrez. Dans notre métier, il faut savoir choisir ce qu'on veut vraiment. Ou bien le pouvoir. Ou bien l'argent. Sinon, on est mort. »

Ministre du Budget, Nicolas Sarkozy fut l'un des architectes de la politique économique d'Édouard Balladur, qui se résumait à tout laisser filer, avec une indolence qui donnait à penser que, le jour venu, le Premier ministre choisirait pour sa tombe la même épitaphe que l'humoriste Francis Blanche : « Laissez-moi dormir. J'étais fait pour ça. »

Sur la question de la dette, contrairement à ce qui a beaucoup été dit, Nicolas Sarkozy a toujours été très proche de Henri Guaino, le premier des conseillers de l'Élysée. Un homme de qualité, avec une belle culture et une plume qui ne l'est pas moins. Mais comme Jean-Pierre Chevènement ou, d'une certaine manière, Jacques Chirac, Guaino aura été l'une des incarnations de l'insouciance française en niant les dangers que nos pratiques budgétaires à courte vue faisaient courir à la France.

Bonne dette, mauvaise dette.

Je me souviens qu'en 2011, dans une émission où je les interrogeais sur la faillite de nos finances, Guaino et Chevènement m'avaient regardé avec commisération, comme si j'étais un débile profond, avant de répondre que la France avait assez d'actifs pour ne jamais se retrouver en défaut de paiement. Assez d'actifs ? Soit. Il lui était toujours loisible de vendre les châteaux de Versailles ou de la Loire. La Grèce aurait dû y songer et mettre le Parthénon aux enchères chez Christie's.

Certes, la dette n'est pas une spécialité particulièrement française. Pour s'en convaincre, il suffit d'observer les États-Unis qui ont fait grossir la leur avec arrogance, mais aussi mauvaise conscience. Ils n'en sont pas fiers. En France, en revanche, la dette a longtemps été théorisée comme quelque chose de positif, synonyme de progrès, par la gauche de la gauche et la droite de la droite.

Les « dettophiles » constituent un assemblage hétéroclite de protectionnistes, trotskistes, syndicalistes, patrons, souverainistes, tous nostalgiques de l'époque où notre pays dévaluait à tour de bras, pour le plus grand malheur des classes défavorisées.

Pour les pseudo-experts de cette obédience, qui se réclamaient souvent de Keynes, la dette a longtemps été dans l'ordre des choses et, pour ainsi dire, un signe de bonne santé économique. À les en croire, il y aurait, à côté de la mauvaise dette, une bonne dette qui mettrait du vent dans les voiles de la croissance.

Un certain nombre de politiciens, de droite ou de gauche, ont repris à leur compte cette idéologie stupide, qui consiste à reporter sur les générations futures toutes les difficultés présentes. Au cours des dernières décennies, j'ai entendu plusieurs d'entre eux, et non des moindres, comme Mitterrand, Chirac ou Sarkozy, m'expliquer qu'il ne fallait pas s'inquiéter : le retour à la croissance remettrait les finances d'aplomb. Mitterrand-Chirac-Sarkozy, même combat.

Ce n'est pas une histoire de droite ou de gauche, toute la classe politique a trempé dedans. La France a commencé à déraper en 1981 après la victoire de François Mitterrand à l'élection présidentielle. Avec son Premier ministre Raymond Barre, le sortant, Valéry Giscard d'Estaing, avait laissé une économie nickel chrome, pratiquement sans déficit ni endettement, après avoir géré coup sur coup deux chocs pétroliers dévastateurs. Les socialistes ont donc pu dépenser sans compter.

Après François Mitterrand, le pli était pris : désormais, la France dépensait avec griserie et allégresse bien plus qu'elle ne produisait. Elle finançait tranquillement par la dette ses grandes réformes sociales, comme la retraite à soixante ans ou la réduction à 35 heures du temps de travail hebdomadaire. Elle vivait sans complexe au-dessus de ses moyens et rares furent les personnalités à la mettre en garde.

Rien n'est plus faux que le vieux slogan, inventé jadis par l'extrême droite française : « Tous pourris ! » En revanche, on reprendrait volontiers à notre compte une autre formule : « Tous incapables ! » Tous, sauf François Bayrou qui, dès 2007, déclarait avec des accents prophétiques dans un entretien au *Journal des finances* : « La dette est notre ennemie absolue. Ma première réforme sera d'inscrire dans la Constitution l'interdiction pour tout gouvernement de présenter un budget en déficit de fonctionnement, sauf en cas de récession[1]. »

C'est parce que la France ne l'a pas écouté, à l'époque, qu'elle est train de vérifier que, comme l'a dit Louis-Ferdinand Céline, auteur de *Mort à crédit*, « on ne meurt pas de ses dettes. On meurt de ne plus pouvoir en faire ».

---

1. Le 6 avril 2007.

12
Devant le tribunal de l'Histoire

« Ou souffrir ou mourir. »
Thérèse D'AVILA

Relisant ce que je viens d'écrire, je me dis qu'il y manque l'essentiel : la colère. La colère contre tous les politiciens étourdis, ineptes ou nombrilistes qui, en trois décennies, ont mis la France plus bas que terre. La colère contre tous ces bateleurs d'estrade et ces moissonneurs d'urnes qui ont sacrifié l'avenir du pays pour prendre ou garder le pouvoir.

Paraphrasant Winston Churchill, Richard Nixon disait que l'homme d'État prépare la prochaine génération ; le politicien, la prochaine élection. De 1981 à aujourd'hui, tous nos gouvernants ou presque ont fait partie de la seconde catégorie. Capables de rien mais prêts à tout. Ils se seraient damnés pour une cantonale.

Leur stratégie à la petite semaine a consisté, pour l'essentiel, à faire des promesses qu'ils ont tenues en empruntant. Autrement dit, en faisant payer leurs extravagants engagements électoraux par les générations suivantes, celles qui n'ont pas encore le droit de vote ni même à la parole : ce sont elles qui, dans les prochaines années, devront régler la facture de ces camelots de foire sans foi ni loi.

Je me suis amusé à établir un petit palmarès des « endetteurs », c'est-à-dire des pires fossoyeurs de nos finances publiques, en prenant comme critère le nombre de milliards empruntés. Si l'on met hors concours François Fillon qui n'a pas eu de marge de manœuvre, entre la crise financière de 2008, celle des dettes souveraines de 2011 et les pulsions incroyablement laxistes de Nicolas Sarkozy, on obtient les scores annuels suivants :

1. Édouard Balladur (1994-1995) : + 6,3 points d'endettement supplémentaire par rapport au PIB. avec 93 milliards d'endettement supplémentaire.

2. Jean-Pierre Raffarin (2002-2003) : + 4,2 points et 92,9 milliards.

3. Pierre Bérégovoy (1992-1993) : + 6,3 points et 75,3 milliards.

4. Jean-Pierre Raffarin (2003-2004) : + 1,9 point et 74,6 milliards.

Si on lit le tableau à l'envers, en commençant par le bas, c'est la surprise. On découvre que le Premier ministre le plus sérieux des dernières décennies n'était pas celui que l'on croyait :

1. Dominique de Villepin (2005-2006) : − 2,7 points et 4,6 milliards.

2. Raymond Barre (1979-1980) : − 0,4 point et 9,4 milliards.

3. Raymond Barre (1980-1981) : + 1,3 point et 17,4 milliards.

4. Lionel Jospin (1998-1999) : − 0,6 point et 18,5 milliards.

Il est néanmoins injuste de mettre sur le même plan Lionel Jospin qui a bénéficié d'une forte reprise de la croissance mondiale, et Raymond Barre qui a eu à gérer les effets d'un double choc pétrolier. Nuance. Le Premier ministre de Valéry Giscard d'Estaing se serait volontiers fait immoler sur l'autel de l'équilibre des finances publiques. Il lui a même sacrifié sa popularité avec ce mélange de morgue et de détachement propre aux grands personnages de l'Histoire.

Quand Dominique de Villepin, homme d'État méconnu, sauve l'honneur de la classe politique.

« C'est un homme d'État, m'a souvent dit François Mitterrand à propos de Raymond Barre dont il admirait la force de caractère. Il n'a peur de rien, il a la carrure d'un grand président. »

Dominique de Villepin fut lui aussi, au moins sur le plan des finances publiques, un homme d'État certes méconnu mais capable de faire passer l'intérêt général avant son intérêt particulier, même s'il a lâché les vannes l'année suivante. Pendant les « trente honteuses », période lamentable de notre histoire, Villepin aura ainsi, comme Barre et, dans une certaine mesure, Jospin, bien mérité de la nation. Avec Thierry Breton, son ministre de l'Économie, et Jean-François Copé, son ministre du Budget, il aura également été l'un de ceux qui ont sauvé l'honneur de nos dirigeants.

Tous les autres ont laissé filer la dette. Dans les années 70, les gouvernants veillaient à ce qu'elle ne dépassât pas 20 % par rapport au PIB. Après ça, ils ont tous molli, cédé, puis failli. La hausse du taux d'endettement public se chiffre à 15 points entre 1981 et 1991, à 24 points entre 1991 et 1998 et, après la pause jospinienne, elle augmente de plus en plus rapidement, de l'ordre de 5 points par an à partir de 2007, pour atteindre les 90 % en 2012.

En somme, depuis que Valéry Giscard d'Estaing et Raymond Barre ont quitté le pouvoir, le poids de la dette de l'État français a été multiplié par cinq ou à peu près.

Tels sont les effets de la trahison des clercs, des élites et de la classe politique.

Nos chers politiciens ne croient plus en la France. Sinon, ils ne supporteraient pas que son délabrement économique l'ait transformée en puissance de seconde zone, dont la voix ne porte guère plus loin que la Belgique, la Suisse ou le Luxembourg.

La France qui boite.

C'est la France qui boite. Elle a du mal à avancer sans qu'un bras la soutienne, celui de l'Allemagne par exemple. Avec son déficit du commerce extérieur notamment, elle ne peut plus être autonome. Elle n'inspire plus le respect mais la compassion.

« Ne dramatisons pas, disent nos chers politiciens en observant, avec désinvolture, le gros abcès purulent de la dette. Si on lui fait un traitement de choc, le remède pourrait être pire que le mal et le patient risquerait de mourir guéri. Mieux vaut attendre encore un peu. »

Ils ont une excuse. Ils ne savent pas ce qu'ils disent. Pour leur faire plaisir, une pléiade d'économistes de renom a longtemps célébré les bienfaits de la dette qui était, selon eux, synonyme de croissance. Des économistes dont les conseils étaient souvent rémunérés par Matignon, ce qui facilitait, au surplus, leur coupable indulgence. Au cours des trente dernières années, ils ont rivalisé de bêtise ou de mauvaise foi. Quelques exemples.

Jean-Paul Fitoussi : « La croissance de la dette publique n'est pas toujours le signe de l'égoïsme des générations présentes. Elle peut être légitimée par le souci d'améliorer le sort des générations à venir, lorsque les temps sont difficiles[1]. »

---
1. *Le Monde*, le 28 mai 1998.

Henri Sterdyniak : « La dette ne coûte rien [...]. Certes, le nouveau-né français hérite d'une dette publique, mais il hérite aussi d'actifs publics : routes, écoles, hôpitaux, etc.[1] »

Jacques Sapir : « Cette focalisation sur la dette est absurde [...]. Supprimez les niches fiscales – dont certaines ne sont nécessaires que du fait du libre-échange et du taux de change de l'euro – et il n'y aura plus de dette publique en France[2]. »

Brisons là. Cent gros volumes ne suffiraient pas à recenser toutes les sottises proférées sur la dette. Ces vaticinations ne sont pas seulement comiques mais aussi criminelles : elles ont donné bonne conscience aux politiciens qui se sont succédé depuis plus de trente ans ; elles ont, de surcroît, apporté un corpus universitaire aux politiques financières débiles de la droite et de la gauche.

Ni l'une ni l'autre ne sait où elle va, mais elle y va. Sans scrupule dans certains cas, en baissant la tête dans les autres, mais toujours avec la même obsession : comment refiler la « patate chaude » au gouvernement suivant.

C'est ce qu'aura fait Nicolas Sarkozy, finalement. Sauf que sa « patate » est devenue géante.

Un coup d'avance sur Mitterrand.

Ouvertement préoccupé en privé par la question de la dette, François Hollande répugne à l'évoquer en public afin de ne pas « désespérer Billancourt ». Je me souviens

---

1. Voir *Pour changer de civilisation*, livre collectif sous l'égide de Martine Aubry, paru aux éditions Odile Jacob en 2011.
2. *Le Figaro Magazine*, le 4 février 2012.

de son accablement quand je lui avais dit, un jour que je le croisais à Toulouse, le 10 février 2012 :

« Sais-tu que tu ne pourras pas t'en sortir en augmentant simplement les impôts ?

— Il faudra pourtant le faire.

— Mais ils ne te rapporteront jamais autant que tu crois, insistai-je.

— On verra bien.

— Trop d'impôt tue l'impôt. Tu ne peux pas ignorer que tu risques de récolter moins de recettes fiscales que prévu et, en plus, de précipiter le pays dans une sorte de dépression, comme l'ont fait les travaillistes britanniques, spécialistes de la fiscalité à coups de marteau, avant l'ouragan Thatcher.

— Où veux-tu en venir ?

— Ton programme ne tient pas la route, tu ne te sortiras pas d'affaire comme ça, il faudra bien que tu finisses par tailler dans les dépenses publiques. »

François Hollande avait baissé la tête et observé un silence, puis, sans lever les yeux :

« Je suis conscient que ça va être très dur, bien plus dur que tout ce qu'on peut imaginer. »

Il n'en avait pas dit plus, mais il me sembla, à travers ses propos, avoir la confirmation qu'il avait un coup d'avance sur Mitterrand, lequel s'était mis dans la tête, en 1981, de tout changer. La vie, la société et les lois de l'économie. On connaît la suite.

Sur quoi, Hollande avait souri, d'un grand sourire signifiant qu'il fallait changer de sujet de conversation, avant de partir en vrille contre celui dont il ne disait jamais le nom et qui n'avait même pas eu la politesse de laisser la France dans l'état où il l'avait trouvée. Lui qui n'arrivait à détester personne, je sentais bien qu'il considérait Sarkozy comme un gougnafier. Le genre tellement sans gêne qu'il en met partout, jusque sur les murs, avant de sortir la tête haute du petit endroit et de se glorifier de sa propreté en guettant les regards approbateurs.

Tout le reste de la soirée, chaque fois que j'observais le visage de Hollande, il me paraissait d'une gravité extrême et je repensais à sa phrase : « Ça va être très dur, bien plus dur que tout ce qu'on peut imaginer. »

Je ne le voyais pas prendre tout de suite, de son plein gré, les mesures qui s'imposaient. Comme Mitterrand, en bon adepte de la gestion paroxystique des crises, il laisserait les événements venir à lui pour prendre les bonnes décisions. Pourvu que ce ne soit pas trop tard...

Sarkozy : « Ne pas s'endetter suffisamment, c'est ne pas croire en l'avenir. »

Il ne faudra pas traîner. Naguère, un homme a bien résumé le danger qui menace la France : « Quand la dette augmente plus vite que la richesse nationale, les intérêts qui doivent être payés chaque année augmentent plus vite que les recettes fiscales générées par la croissance. Cet écart contribue à creuser le déficit. Plus le déficit s'aggrave, plus la dette augmente, et ainsi de suite. C'est une spirale infernale et il faut des efforts prolongés et importants, même en période de croissance soutenue, pour retrouver une progression de la dette publique limitée à celle de la richesse nationale. »

Cet homme, c'était Nicolas Sarkozy, dans une tribune publiée dans *Le Monde*, le 26 août 1994, alors qu'il était ministre du Budget d'Édouard Balladur, le « Dark Vador » de nos finances publiques, qui a réussi à faire pire encore que Pierre Bérégovoy, c'est dire. Mais cet article était un tel acte d'accusation contre la politique imbécile du gouvernement de l'époque qu'on a peine à penser qu'il ait seulement lu le texte qu'il a signé.

J'imagine qu'il a été rédigé par un conseiller facétieux, que révoltait la politique bassement clientéliste de Balladur et de son ministre du Budget.

En revanche, je suis sûr que, l'ayant prononcé dans un discours, Sarkozy a au moins lu cet éloge hallucinant de l'endettement auquel il s'est lui-même livré, le 14 septembre 2006, après un voyage dans l'Amérique de Bush et des *subprimes* : « Une économie qui ne s'endette pas suffisamment, c'est une économie qui ne croit pas en l'avenir, qui doute de ses atouts, qui a peur du lendemain. »

Une phrase qui exprime bien sa philosophie et qui devrait lui coûter cher quand sera venue pour lui l'heure de comparaître devant le tribunal de l'Histoire.

13
Bayrou et la fable de La Fontaine

> « Le caractère, c'est d'abord de négliger
> d'être outragé ou abandonné par les siens. »
> Charles DE GAULLE

« Cette fois, je sens bien la flèche entre mes doigts, je suis sûr qu'elle va atteindre l'objectif. »

Jamais François Bayrou ne m'était apparu à ce point sûr de lui :

« En 2007, je l'avoue, j'ai été dépassé par les événements. Je ne m'attendais pas du tout à ce score de 18 %, ce fut la divine surprise, un coup de poing à l'estomac, il fallait savoir gérer ça politiquement et émotionnellement. Je n'ai pas pu. J'ai été voir Rocard trois fois de suite mais je sentais bien que le terrain politique n'était pas mûr pour le grand chambardement. Aujourd'hui, il l'est, je n'ai aucun doute. »

Tel est le discours que me tient François Bayrou moins d'un an avant l'élection présidentielle, le 19 juillet 2011. Depuis 2007, dit-il, tout s'est à peu près passé comme il l'avait prévu : Nicolas Sarkozy ne s'est pas attaqué aux racines du mal, il a tout laissé courir, la dette, les déficits. Il a, de plus, attisé tous les antagonismes. La gravité de la situation exige l'union nationale. « Aucune majorité ne peut porter le projet qui s'impose, assure le candidat perpétuel du centre. C'est le projet qui doit faire la majorité. »

Si, pendant la campagne présidentielle, les sondages l'emmènent assez haut, François Bayrou proposera cette fois une perspective à ses électeurs. Il leur annoncera qu'il obligera la gauche et la droite à gouverner ensemble pour redresser le pays qu'elles ont mis toutes deux par terre. Il appellera aux affaires une équipe où se retrouveront tous ceux qu'il respecte : François Fillon, François Hollande et Alain Juppé. Il est certain de son coup, c'est comme si c'était déjà fait.

Il a le culot et la foi en lui-même des grands politiques. Il n'a, de surcroît, peur de rien. Surtout pas de la solitude, fût-elle extrême. Ni de la débine ni même du dénuement total. Il est prêt à tout subir pourvu qu'il puisse garder sa liberté. Pour que je n'en doute pas, Bayrou me récite, les yeux mi-clos en signe de concentration, une fable de La Fontaine : « Le loup et le chien », qu'il connaît par cœur.

C'est l'histoire d'un loup qui « n'avait que les os et la peau » et qui « rencontre un Dogue aussi puissant que beau ». « Il ne tiendra qu'à vous [...] D'être aussi gras que moi », lui dit le chien. « Rien d'assuré, point de franche lippée. Tout à la pointe de l'épée. Suivez-moi : vous aurez un bien meilleur destin. »

Maître loup se prend à rêver de bonne chère quand, soudain, il voit le cou pelé du chien : c'est la trace laissée par le collier. « De tous vos repas, Je ne veux en aucune sorte, Et ne voudrais pas même à ce prix un trésor », dit-il. Sur quoi, il s'enfuit. Il paraîtrait qu'il « court encor ».

Bayrou n'a pas grand-chose d'un loup. Je le verrais plutôt en bovin, ce qu'on dit souvent de moi, et que je prends pour un compliment. Le bovin à la démarche lente et lourde que rien ne dévie jamais de sa route. Le bovin taiseux et volontaire qui ne connaît pas la peur et ne se laisse jamais guider par ses émotions de l'instant. Si je faisais de la politique, je n'aimerais pas l'avoir en face de moi.

Tout le monde sait ça, à la campagne : les bovins n'en font toujours qu'à leur tête. S'ils veulent défoncer une clôture en fil de fer barbelé, rien ne peut les arrêter. Ce sont des forces qui vont. Les taureaux, surtout.

En plus de cette nature bovine, Bayrou a le regard du rapace qui a passé la journée sur son poteau, à l'espère. Il rabaisse tout le monde au niveau de la proie qu'il prendra bientôt entre ses serres. Tout le monde, sauf moi et les animaux de son espèce qu'il considère comme ses frères et ses sœurs : les ploucs de province, montés à Paris, qui, comme lui, sont toujours sur le qui-vive, à tout hasard, parce qu'ils ne se sentent pas chez eux dans la capitale.

Aussi cultivé qu'il soit, cet homme est un plouc et je suis de son monde, comme François Hollande qu'il a rangé dans la même engeance, mais qu'il trouve trop gentil. Trop consensuel. Trop velléitaire aussi. Peut-être le député de Corrèze n'a-t-il pas, comme nous, tué de poulets dans sa jeunesse : ça forme.

Hollande et lui avaient tout pour travailler ensemble. La même vision de la France. La même idéologie, surtout : sociale-démocrate pour l'un ; démocrate sociale pour l'autre.

« On a toujours été de la même famille, me dit François Bayrou, quelques mois plus tard, le 4 janvier 2012, alors que nous déjeunons au restaurant "Le Dôme". La preuve, lui et moi, on était Delors. »

Puis il enfourne une grosse tranche de saumon mariné qu'il avale sans l'avoir mâchée. C'est ainsi que nous mangeons, chez nous autres les ploucs. Certes, Bayrou se contrôle, pour ne pas engloutir la terre entière ni boire la mer et les poissons, mais, comme moi, il sera toujours un bouseux affamé.

Le complot avorté Hollande-Bayrou.

C'est de Hollande que me parle Bayrou, ce jour-là. Alors qu'ils commencent à s'affronter, il n'a encore que des choses agréables à dire sur lui. Delors était leur héros dans les années 80 et 90. Delors ou le grand rêve social-démocrate. L'apôtre de l'Europe et de la «nouvelle société». Le socialiste en peau de lapin. Le chantre d'une France apaisée, dont Mitterrand disait, alors qu'il était au zénith dans les sondages : «Lui, candidat ? Mais c'est une plaisanterie ! Il aurait trop peur de faire campagne, il veut être nommé !»

«Delors, Barre et Rocard, poursuit Bayrou, c'était le même courant de pensée. Le nôtre. La même espérance aussi, celle d'un pays réconcilié avec lui-même.»

En somme, François Bayrou et François Hollande étaient faits pour se retrouver côte à côte et non face à face. Quand, à vingt-cinq ans, le premier était secrétaire général des Jeunes démocrates sociaux (JDS), il avait deux adjoints : Henri de Castries, futur patron d'Axa, et François Villeroy de Galhau, qui sera conseiller de Pierre Bérégovoy puis de Dominique Strauss-Kahn.

Dans les années 90, Henri de Castries dit un jour à François Bayrou : «J'ai un très bon copain. J'aimerais te le présenter.»

Henri de Castries est un ancien élève de l'ENA, membre de la promotion Voltaire (1980), qui comptait, entre autres, François Hollande, Ségolène Royal et Jean-Pierre Jouyet. Son copain, c'est François Hollande.

À l'époque, François Hollande est président du club Témoin qui essaime à travers la France pour porter la bonne parole deloriste dans la perspective de la prochaine élection présidentielle. Il est l'un des « 12 apôtres de Jacques Delors » que *L'Express* a répertoriés dans un article resté célèbre[1]. Il y est présenté comme l'« orchestrateur » alors que Ségolène Royal serait la « pasionaria », Helmut Kohl, le « parrain », Jean-Yves Le Drian, le « metteur en scène » et Pascal Lamy, le « flingueur ».

L'« orchestrateur » est cependant dans une très mauvaise passe. Après avoir perdu son siège de député de Corrèze au profit de Raymond-Max Aubert (RPR) aux législatives de 1993, François Hollande a été l'objet, au sein du club Témoin, d'une tentative de déstabilisation de Martine Aubry, qui entendait se réapproprier l'héritage de son père. Pire, alors que le règne mitterrandien arrive à son couchant, sur fond de cancer et d'affaires en tout genre, il sent que son héros, Jacques Delors, n'est plus prêt à prendre la relève pour la présidentielle de 1995.

Aussi indécis que scrupuleux, Jacques Delors est d'autant plus rongé par le doute qu'il n'a pas le soutien de la majorité du PS qui le juge trop à droite. Au début de l'été 1994, il a laissé tomber devant ses amis du club Témoin : « Je ne serai pas candidat. Ce n'est plus de mon âge. »

Certes, François Hollande ne désespère pas de lui forcer la main, mais il n'a pas vraiment le moral. C'est dans cet état d'esprit qu'il rencontre François Bayrou pour évoquer un éventuel rapprochement.

Quand je demande à François Bayrou la date de leur rencontre avec François Hollande, il téléphone aussitôt à sa secrétaire qui le rappelle, quelques minutes plus tard : c'était le 3 août 1994.

« Je garde tout, dit Bayrou. Les lettres, les archives, tout. »

---

1. Le 27 octobre 1994.

J'imagine la scène entre ces trois puceaux prêts à se partager la France, l'un incarnant la gauche, l'autre le centre, le troisième la finance et l'assurance. Ils s'étaient trouvés, l'espace d'un repas, mais ils ne se sont pas gardés. Le complot a avorté.

14
La stratégie du « noyau dur »

« On les aura ! »
Maréchal Pétain

François Bayrou et Nicolas Sarkozy ont au moins un point commun : ces gens-là ne meurent jamais. Même morts, ils ne s'avouent pas vaincus. Ils n'ont pas le sens du ridicule, de la fatalité, de l'inexorable. Ils se battent donc jusqu'à la dernière goutte de sang et même encore après. On peut appeler ça de l'aveuglement ; c'est de l'obstination.

Mitterrand disait : « Ce qui fait la différence entre les gens, ce n'est pas le talent, chose très répandue, mais la persévérance et l'obstination. » Nicolas Sarkozy en a plus que de raison. N'était sa triste figure que traverse de temps en temps un sourire artificiel, rien, chez lui, ne trahirait le moindre doute.

Sarkozy n'est au mieux de sa forme que quand tout va mal autour de lui et qu'il n'est plus habité par ce mélange de griserie et d'inconscience qui, l'empêchant de prendre de la hauteur, lui a fait commettre tant d'erreurs. Ces temps-ci, alors que les sondages annoncent sa fin de règne, il est servi.

Le 1ᵉʳ février, en fin de journée, le président sortant a réuni à l'Élysée un groupe de jeunes députés UMP pour les gonfler à bloc. Mission réussie, ou presque. Nicolas Sarkozy ne leur a pas dévoilé sa stratégie pour reprendre la main. Il entend bien la garder secrète, mais il leur a tout de même donné quelques éléments : « Je ne ferai pas de com. C'est une campagne où il ne faudra pas faire de com, les gens en ont trop soupé. Il y aura trois mots clés : l'idée, le peuple et la sincérité. Tout ce qui apparaîtra comme insincère nous sera préjudiciable. Si je suis de bout en bout dans la vérité, ça peut le faire. »

Le président sortant n'a pas hésité à prétendre que « tout se passe comme prévu ». À l'en croire, « Hollande a épuisé ses munitions ». « Il a fait sa déclaration de candidature, son projet, son grand meeting, explique-t-il. Nous, on n'a encore rien fait de tout ça, on n'est pas entrés en campagne et la première séquence s'est bien passée pour moi : avant le combat, j'ai rassemblé mon camp, je suis assuré de ne pas trouver de vraies dissidences sur ma route. »

« Je sens bien les choses », dit le président sortant. Pour justifier son optimisme, il assure : « Hollande ne peut pas être élu sur son programme, c'est impossible. De plus, à force de ne rien dire, il finit par accréditer l'idée que le candidat du changement, c'est moi. »

Ce jour-là, Nicolas Sarkozy s'est félicité, de surcroît, des « fuites » dans la presse de propos « *off* », tenus pendant son voyage en Guyane, où il envisageait sa défaite électorale : « Dans cette histoire, j'apparais comme un type modeste. Les Français n'aiment pas l'idée que tout soit joué. Souvenez-vous des échecs de Balladur en 1995 ou de Jospin en 2002. Tous deux n'avaient pas douté un instant que c'était dans la poche. Ils ont tout fait, comme Hollande aujourd'hui, pour garder leur capital dans les sondages. On a vu le résultat. »

L'analyse est juste. Au détail près qu'on ne voit pas bien avec quelles surprises Sarkozy pourrait renverser la table. On dirait que les Français ont mis une croix sur lui. Il leur parle tellement qu'il semble n'avoir plus rien à leur dire, et plus ils le regardent, moins il les convainc. Ce n'est plus qu'une attraction, comme, jadis, l'émission télévisée *Au théâtre ce soir*.

Le clairon et la grosse caisse de la fanfare sarkozyste.

En 2007, il faisait son Tom Cruise. En 2012, son Christian Clavier, l'un des rares artistes à lui être restés fidèles. La star est devenue un comédien de boulevard. C'est au demeurant du théâtre qu'il sert aux Français, le dimanche 29 janvier, dans une émission retransmise en direct de la salle des fêtes de l'Élysée où il semble crépusculaire au milieu des ors et des tapisseries écarlates. Crépusculaire et même un peu hagard tandis qu'il déroule son plan de mesures dont pratiquement aucune n'est applicable avant l'élection présidentielle. La France rigole.

Pourquoi le président a-t-il attendu si tard, à 97 jours du second tour de la présidentielle, pour sonner le glas des 35 heures ou pour annoncer l'augmentation de 1,6 % du taux de la TVA ? Que n'a-t-il proposé tout cela dès 2007 ou même un peu plus tard ? Il y a là une sorte de comique involontaire.

Pour un peu, il ferait penser à Charlot avec son air vidé et sonné. Un clown triste. Un cadavre qui bouge encore. Un pantin désarticulé empêtré dans un affreux pastis électoral. Les tics qui avaient disparu commencent à revenir sur son visage. Ses lèvres, parfois, sont prises de convulsions qu'il peine à réprimer.

Son numéro télévisé, une sorte de « Sarko-Show » traditionnel, a mobilisé six chaînes et a été suivi par 16,5 millions de téléspectateurs. Trois jours plus tôt, avec une seule chaîne, Hollande avait fait trois fois moins. Mais qu'importe pour le président sortant de faire de l'audience si le pays ne croit plus rien de ce qu'il dit.

Sa prestation n'ayant eu aucun effet sur les enquêtes d'opinion où il reste à la traîne, Nicolas Sarkozy décide donc d'accélérer l'annonce de sa candidature et son entrée en campagne. Après s'être déclaré, le mercredi 15 février, il traite son principal adversaire, François Hollande, de « menteur », se présente comme le candidat du « peuple » et lance, dans une interview au *Figaro Magazine*, puis dans d'autres médias, des propositions toutes plus droitières les unes que les autres, comme celle qui consiste à soumettre à référendum une réforme durcissant les conditions d'indemnisation du chômage.

On dira que Nicolas Sarkozy cherche, de la sorte, à récupérer les électeurs de 2007 qu'il a perdus et qui ont rejoint le Front national. Sans doute. Mais en bon tacticien qu'il est, il tente aussi de renforcer son noyau dur, qui s'était dangereusement ramolli au cours des dernières années.

Il a décidé de se réapproprier des valeurs comme le travail, le mérite, la famille, le redressement. Pour cela, tout est bon. Le pipeau, le clairon, le violon, le tambour, la grosse caisse. Soudain, on n'entend plus que les nouveaux airs de la fanfare sarkozyste : ils couvrent toutes les autres musiques qui semblent désormais faiblardes ou vieillies.

Par une sorte d'opération du Saint-Esprit, le candidat Sarkozy a effacé d'un coup le président. C'est un homme neuf qui parle désormais aux Français. Un jouvenceau qui n'a pas trempé dans la conduite des affaires depuis trente ans. Un néophyte révolté par l'état du pays qu'il prétend réformer en deux temps, trois mouvements, pour rattraper le temps perdu par les incapables au pouvoir. Un «indigné».

«Il nous refait le coup de 2007», gémissent les pleureuses de la bien-pensance. Elles ont tort. C'est bien plus fort : Sarkozy n'a pas ressuscité, il vient de renaître au monde, aussi pur et innocent que l'agneau qui vient de naître.

Qu'importe si, lors des «trente honteuses» qui ont mis la France par terre, Sarkozy fut aux manettes pendant près de douze ans : deux ans ministre du Budget dans le gouvernement Balladur, pas loin de cinq ans ministre de l'Intérieur ou des Finances sous la présidence de Chirac, cinq ans enfin à la tête de l'État. Il se présente comme le candidat antisystème et, apparemment, ça marche.

En quelques jours, le président sortant a remobilisé l'électorat de droite et obtenu jusqu'à 8 points de plus dans les sondages. Le désespoir lui a donné de l'énergie et, surtout, du talent.

Mais le talent peut-il suffire ?

15
Fort Apache

« Chien hargneux a toujours l'oreille déchirée. »
Jean de La Fontaine

Chaque soir ou presque, Nicolas Sarkozy réunit son état-major stratégique en fin de journée, dans son bureau de l'Élysée. Il y a là Xavier Musca, le secrétaire général de la présidence, Henri Guaino, le conseiller spécial, Jean-Michel Goudard, le roi de la com, Patrick Buisson, l'idéologue ultra-droitier, etc. Le président sortant les écoute un peu et, surtout, leur parle beaucoup.

Valéry Giscard d'Estaing a bien résumé la psychologie du président sortant : « Quand il voit quelqu'un, ce n'est pas pour l'entendre, mais toujours pour le convaincre. » Le sarkozyste historique (et martyrisé) Pierre Charon abonde : « Les réunions avec Nicolas se passent toujours de la même façon. Tu entres avec tes idées et tu ressors avec les siennes. »

Quand ils se retrouvent avec lui, les prétendus conseillers de Sarkozy ont du mal à en placer une. Ils ne sont pas là pour donner leur avis, mais leur approbation. On ne se refait pas. Comme Castro, Chávez et tant d'autres, le président sortant a une excuse. Il a un moulin à paroles permanent en guise de cordes vocales. Telle est la particularité du sarkozysme : c'est une logorrhée verbale et, comme l'éternité, elle devient vite ennuyeuse, surtout vers la fin.

Nicolas Sarkozy s'est trompé de siècle. Dans sa fabuleuse biographie[1] de Louis XIV, l'historien Ernest Lavisse nous apprend que le premier texte autographe du futur monarque fut la copie d'un modèle d'écriture : « L'hommage est dû aux rois, ils font tout ce qui leur plaît. » Le bon plaisir de Nicolas Sarkozy est de discourir, pérorer, plastronner, éructer, haranguer, souvent avec talent et de préférence sur une estrade.

C'est pourquoi Sarkozy est un candidat hors pair. Une bête de campagne. La quintessence du professionnel électoral.

Le vendredi 24 février, il proteste en prenant connaissance du programme assez réduit qui lui avait été préparé pour la semaine suivante : « Vous me ménagez trop, il faut me remplir cet agenda de toute urgence, il y a trop de blancs, je veux un vrai feu d'artifice. Tout se joue maintenant, vous comprenez. C'est le moment crucial où les courbes vont se croiser et où je vais passer devant Hollande. Il fait un parcours tellement nul, celui-là. Il faut que je l'épuise, que je le fatigue, qu'il n'arrive plus à suivre, et vous verrez, ce sera gagné. »

Comme toujours, Nicolas Sarkozy prend ses désirs pour des réalités. Depuis son entrée en campagne, il a grignoté des points dans les sondages. Assez pour être sûr, à cet instant, de faire bientôt la course en tête devant François Hollande : c'est la place qui lui revient, juge-t-il, et elle peut lui donner une dynamique victorieuse pour le second tour qui, contrairement à ce que disent

---

1. Ernest Lavisse, *Louis XIV : histoire d'un grand règne. 1643-1715*, réédition Robert Laffont, Bouquins, 2010.

les sondages, n'est pas perdu d'avance. Las ! Les choses ne se sont pas passées comme il l'avait prévu.

Les visites sécurisées des villages Potemkine.

La semaine qui devait être celle du tournant triomphal aura finalement été celle du commencement de la fin, en attendant le rebondissement suivant. Jusque-là, Nicolas Sarkozy a pourtant fait la meilleure campagne possible, avec la même niaque que pendant la campagne de 2007, même s'il a dans les yeux le voile de la mélancolie, prémonitoire de la défaite. Parfois, même, un regard de biche traquée. Il a remobilisé son camp mais celui-ci n'est apparemment plus ce qu'il était. En cinq ans, il a fondu. C'est Fort Apache, cerné par les Indiens.

Bien sûr, Sarkozy a repris la stratégie qui lui a toujours réussi, celle de la «cible qui bouge», jusqu'à donner le tournis à ses ennemis qui ne savent plus sur quel pied danser. Il fait tout le temps l'actualité mais change sans cesse de terrain. Un coup, l'agriculture ; le lendemain, la sécurité. Une annonce chasse l'autre. Quand on le croit là, c'est qu'il est ailleurs. Avec lui, impossible d'ajuster son tir. Il gigote trop.

À intervalle régulier, il prononce un discours de haute volée. Comme celui de Montpellier, le 28 février, où il a défini avec un vrai souffle une vision et un dessein pour l'Éducation nationale. Mais, chaque fois, c'est comme s'il avait prêché dans le désert. Aucun effet, aucun impact.

Même si l'Histoire n'est pas encore tout à fait écrite, Nicolas Sarkozy vit alors le drame des politiciens en fin de cycle, quand leur peuple ne les croit plus. Ils peuvent toujours dire ce qu'ils veulent, ils ne sont pas entendus. «Cause toujours» : c'est ce que semblent dire les Français au président sortant.

Nicolas Sarkozy savait que sa seule chance d'être élu était de faire oublier qu'il était le président sortant, comptable de toutes les difficultés du pays. Même s'il n'a cessé de vanter le sien, il n'ignorait pas qu'on n'est jamais réélu sur un bilan, fût-il brillantissime, ce qui n'était pas le cas du sien, mais sur un projet de société. C'est pourquoi, les yeux tournés vers l'avenir, il multipliait les effets d'annonce et les propositions de réformes.

Dans cette perspective, sa position de « challenger » semblait un atout. Elle l'a amené, par exemple, à dénoncer les 35 heures comme s'il n'avait pas eu, en cinq ans de mandat, le loisir de les démanteler. Pour un peu, il aurait fait passer Hollande pour le président sortant. Le fauteur de chômage et de déficits. Le grand responsable de l'anémie économique du pays. Cette stratégie ne pouvait pas fonctionner longtemps : la ficelle était trop grosse.

Quand les sondages quotidiens ont commencé à indiquer qu'il flageolait, Nicolas Sarkozy a soudain été pris d'un désarroi qu'il n'est pas parvenu à maîtriser. Le 1er mars, en visite dans le Sud-Ouest, à Itxassou, le voici à son pire, face à un couple d'éleveurs d'ovins et de bovins.

L'homme : « Nous ne sommes pas aux 35 heures ! »

Le président : « Moi non plus ! »

L'homme : « Mais on n'a pas le même salaire. »

Le président : « Enfin, ne dites pas que vous n'avez rien. Vous êtes propriétaires de 35 hectares, ce n'est pas rien ! Moi, je ne le suis pas ! »

La femme : « Oui, mais vous avez autre chose sur votre compte en banque. Moi, je veux bien échanger. »

Alors, le président, agacé : « OK, OK. »

C'est cet homme aux nerfs à vif qui se trouve confronté, un moment plus tard, à une manifestation d'un millier de jeunes, indépendantistes basques ou militants socialistes, dans le centre-ville de Bayonne. Protégé par un important service d'ordre, il n'a rien à craindre. Mais sous les sifflets et les jets de tracts ou d'œufs, il perd soudain la boule. On dirait une nymphe qui vient de sortir de son cocon et découvre, soudain, la violence du monde extérieur.

Jusqu'à présent, dans ses déplacements en province, le président n'avait eu droit qu'à des visites de villages Potemkine, comme ceux, en trompe-l'œil, que le prince du même nom aurait fait édifier, selon la légende, avec des façades en carton-pâte, sur le parcours de l'impératrice Catherine II, pour lui cacher la misère des régions qu'elle visitait. Tout était réglé comme du papier à musique pour le journal de 20 heures. Le préfet était aux cent coups. La police et les renseignements généraux étaient sur le pied de guerre. Comme le chef de l'État a toujours eu l'obsession du détail, il ne devait pas manquer un seul bouton de guêtre. Sous peine de sanction immédiate.

Tout était si sécurisé qu'il y avait peu de chances que le président croisât un seul manifestant lors de ses visites en province. Ni même un chat errant ou un papier gras. Sitôt arrivé, déjà reparti, le chef de l'État ne traînait pas. Contrairement à Chirac, la France profonde n'a jamais été son fort. C'est à peine si, avant son traditionnel discours catégoriel, il daignait serrer, presque par pitié, quelques mains au premier rang des officiels.

Christian Estrosi : « Tu sais quoi de ton pays, Nicolas ? »

Les incidents de Bayonne constituent le tournant de la campagne. Ils révèlent la grande tare du sarkozysme : la fausseté des apparences. La com pour la com qui a enfermé le président dans une bulle, une France virtuelle où tout le monde ou presque se met au garde-à-vous sur son passage. C'est pourquoi il est si horrifié, au bord de l'apoplexie, à la vue de quelques poignées de manifestants qui mettent en question son autorité.

Quelques jours plus tôt, après avoir été enfariné, François Hollande a haussé les épaules : « Ce sont les risques du métier. » Nicolas Sarkozy, lui, trépigne comme un enfant. Il aurait pourtant pu s'y attendre. Voilà bien la preuve par quatre qu'il n'est plus en phase. Au cours de son quinquennat, rares sont ceux qui, dans son entourage, ont osé lui dire, comme Christian Estrosi, le député-maire de Nice, qu'il était coupé du pays profond. Déconnecté des réalités françaises. Emmuré à Paris.

Estrosi rappelle que tous les présidents de la Ve République ont été associés à un lieu de France où ils se ressourçaient. De Gaulle à Colombey-les-deux-Églises ; Pompidou au Cantal ; Valéry Giscard d'Estaing à l'Auvergne ; François Mitterrand à la Nièvre et aux Landes ; Jacques Chirac à la Corrèze. Nicolas Sarkozy, lui, n'a été associé qu'à Neuilly.

« Mais c'est quoi, Neuilly ? demande Estrosi. Une banlieue de riches ? Une ville-dortoir ? Une grande avenue ? En tout cas, ce n'est sûrement pas là qu'on peut aller à la rencontre des Français. »

Un jour que le chef de l'État était en visite à Nice, Christian Estrosi s'est lâché :

« Tu sais quoi de ton pays, Nicolas ? Rien. Tu parles à des gens dont tu ne connais pas la vie. Depuis ton élection, tu n'as jamais passé une seule vraie journée avec les Français et tes visites sur le terrain ont toujours été artificielles et stéréotypées. Du cinoche. Il faut que tu prennes du temps. »

Mais Sarkozy n'a jamais le temps de le prendre. S'il l'avait fait, il aurait déjà été confronté à d'autres incidents comme ceux de Bayonne ; il aurait relativisé et su la conduite à tenir.

Devant les manifestations de ce genre, il n'y a que deux stratégies possibles, qui ne sont au demeurant pas contradictoires : affronter la foule ou jouer la victimisation. Nicolas Sarkozy ne choisit ni l'une ni l'autre. L'air hagard et perdu, il s'enfuit entre ses gardes du corps avant de se barricader dans un bar, « Le Café du Palais ».

Pour un peu, on dirait Ceausescu prenant la poudre d'escampette pendant la révolution roumaine. Il n'est pourtant pas d'un naturel pleutre. Son comportement ne peut s'expliquer que par la surprise : en cinq ans de présidence, Sarkozy a oublié la violence du terrain quand il n'est pas balisé.

Psychologiquement, il est dans un tel état qu'il n'a même pas l'idée de retourner les incidents à son profit. Rien à voir avec le cran de Jacques Chirac ou de Lionel Jospin qui, en d'autres temps et en d'autres lieux, furent caillassés. Ils avaient su faire face. Au lieu de quoi, Nicolas Sarkozy fulmine et s'en prend violemment à François Hollande qu'il accuse d'avoir prôné l'« épuration » : « Forcément, ça échauffe les esprits des gens de la base. » « L'énervé », titre le lendemain *Libération*.

Mauvaise passe. Le 3 mars, dans un discours à Bordeaux, le président sortant, visant les socialistes, remet ça : « Honte à ceux qui considèrent qu'une campagne doit être une succession de guet-apens et de coups bas. » Dans la foulée, il traite François Hollande de « tartuffe ». Du mauvais Sarkozy. Il vocifère et gesticule au milieu de la mer qui monte. Il coule.

Sa cote étant retombée, Sarkozy ne peut compter, désormais, que sur une bourde de Hollande pour remonter la pente qu'il vient de redescendre. À moins qu'un événement, une divine surprise, ne chamboule soudain la donne…

16
Tête de mort et calcul biliaire

> « S'il y avait moins de compassion dans le monde, il y aurait aussi moins de problèmes. »
>
> Oscar WILDE

Si, un jour, dans une nouvelle vie, j'ai l'honneur d'être chargé de réactualiser un dictionnaire de la langue française, le Robert, le Larousse ou un autre, j'y ferai entrer un nouveau verbe :

SARKOZYSER v. tr. – 2007 ; de *Sarkozy* 1) Menacer, intimider, faire pression – Sarkozyser une personne. n. f. : sarkozysation 2) Insulter. (« Il sarkozysa tellement la jeune fille qu'elle finit par s'évanouir. » Emmanuel Todd) CONTR. Rassurer.

Le 6 mars 2012, avant que je le retrouve avec ma complice Hélène Jouan à l'émission de David Pujadas, *Des paroles et des actes*, sur France 2, Nicolas Sarkozy a demandé et fait demander à François Pinault de me raisonner. Il ne fallait pas que je fusse agressif. Je n'avais droit qu'aux approbations, et encore, je n'en suis même pas sûr.

Le matin même, François Pinault m'a transmis la requête présidentielle mais sans cacher son irritation : il y a longtemps déjà qu'il ne supporte plus le harcèlement téléphonique du chef de l'État. Il a même l'air si exaspéré que je me demande si, un jour, il ne va pas finir par porter plainte.

Je lui réponds que j'ai d'autant moins l'intention de bousculer le chef de l'État qu'il paraît à la ramasse.

«Je n'ai pas l'habitude de tirer sur les corbillards», dis-je.

C'est vrai que l'homme qui entre sur le plateau de David Pujadas, le soir même, a tout l'air de sortir d'un cercueil. La démarche chaloupée au niveau des épaules mais claudicante au-dessous des genoux, le président sortant tient à la fois de l'athlète et de l'avorton, mais les deux sont morts. Il a le regard vide, le visage affaissé et la jaunisse des envieux ou des cadavres. Il inspire la pitié, sentiment dont l'expérience aurait dû m'apprendre à me méfier.

À l'instant même où l'émission commence, Nicolas Sarkozy ressuscite. Les caméras lui réussissent toujours bien. Il est à son meilleur quand, avec David Pujadas, il feint de regretter les erreurs de son début de mandat : notamment la fête avec l'oligarchie française au restaurant du Fouquet's, le soir de la victoire, ou bien les vacances sur le yacht de Vincent Bolloré. Certes, il bat sa coulpe en accusant Cécilia, son ex-femme, dont ce serait les fautes, les grandes fautes, mais il le fait avec tact et habileté, sans insister. Subliminalement, pour ainsi dire.

Ce n'est pas classieux mais la politique a ses raisons que la morale ignore. Cécilia a bon dos. J'attends que lui soit imputé aussi le déficit du commerce extérieur.

Il a fallu patienter cinq ans pour que ces questions lui fussent enfin posées par David Pujadas. Dans quelle démocratie sommes-nous pour que le chef de l'État ait pu éviter si longtemps de s'expliquer sur ces épisodes pitoyables ? Qu'est-ce que cette République où le président n'accepte d'être interrogé que dans des émissions nunuches qu'il a conçues, par des journalistes qui, à quelques exceptions près, semblent réciter un questionnaire qu'il a lui-même écrit ? Comment ne pas avoir honte de ce métier, de ce pays, de ce monarchisme débile ?

Bien sûr, Nicolas Sarkozy n'a rien d'un dictateur, n'étaient le narcissisme, l'incapacité à supporter les critiques et la haine de la presse libre. Sans vouloir polémiquer, je dirai qu'il était fait pour présider le Kazakhstan ou la Biélorussie, c'est-à-dire un pays où la démocratie n'en est même pas encore au stade des apparences.

« J'aurais tellement aimé faire de la politique il y a trente ans, m'a-t-il dit un jour. Prends Mitterrand. Il pouvait utiliser un avion de la République pour aller déjeuner à La Rochelle avec une copine. Ni vu, ni connu, ça ne choquait personne parce que personne ne savait. Aujourd'hui, nous sommes en permanence épiés, pourchassés, photographiés, enregistrés et filmés par les portables, au nom d'une prétendue transparence. »

Le pauvre chat, il aurait voulu que je me lamente sur son compte. Il rêve d'une presse qui s'adonnerait au culculte de la personnalité et relaterait ses faits et ses gestes comme une épopée, avec des accents hugoliens. Sans oublier de célébrer sa bravoure, sa clairvoyance et, disons le mot, son génie. Saint Nicolas terrassant les dragons du Mal, franchissant le pont d'Arcole ou transformant l'eau en vin. Le nouveau Messie qui a sauvé le monde.

Je comprends qu'il ne souffre pas les merdeux dans mon genre, chercheurs de petites bêtes, écrivailleurs professionnels et faiseurs d'écume des jours. Ils ne respectent rien et rabaissent tout. En plus, ils ont toujours aux lèvres ce petit sourire si agaçant de ceux qui en ont déjà tant vu.

À la télévision, Nicolas Sarkozy n'a pourtant rien à craindre des journalistes, fussent-ils déchaînés contre lui. C'est son domaine d'excellence. Il a toutes les qualités possibles pour leur résister. Le charisme, le bagou, le sens de la repartie. Ce soir-là, sur France 2, il taille ainsi en pièces Laurent Fabius qui n'est pas manchot et que David Pujadas a invité pour lui porter la contradiction. Il est vrai que l'ancien Premier ministre socialiste n'a pas l'air dans un bon jour. Il a la fatuité fatiguée, les mains qui tremblent et l'expression du veau qui regarde passer les trains. En l'espèce, les trains, ce sont les coups que lui porte le président sortant. Il n'est pas dans le débat, il pense à autre chose.

La bouche à confitures de Laurent Fabius.

Soudain, je comprends à quoi il pense. Fabius a une bouche à aimer les confitures. On dirait qu'il les goûte mentalement pendant que Sarkozy le dépèce. Il en a plein l'estomac, elles remontent à ses lèvres pourléchées d'amour de soi, et il les savoure avec l'indolence des personnages de haute extraction.

Ce sont les confitures du pouvoir dont il se régale déjà, avec un contentement de gastronome professionnel. Le futur ministre nage déjà au septième ciel, dans un bonheur anticipateur. Il ne s'intéresse plus à ce qui se passe ici-bas.

« C'est sûr qu'on va gagner, m'a-t-il dit, il y a quelques mois, alors que nous nous étions croisés au Palais-Bourbon. Nos bisbilles et nos chipotages d'antan, c'est fini : tous les socialistes vont se serrer les coudes, maintenant. Il y a trop longtemps que nous avons été frustrés du pouvoir. Nous avons tous une envie folle de revenir aux affaires. »

Sarkozy a, lui, une envie folle d'y rester mais, à ce moment-là, il ne semble plus y croire. Chaque fois qu'il met Fabius à mal, il a dans les yeux la tristesse du boucher après qu'il a donné son coup de maillet sur la tête du bœuf qui gît à ses pieds. Il paraît éreinté, hagard, aux abois. Il me fait penser à la formule de Léon Daudet à propos de Georges Clemenceau : « Une tête de mort sculptée dans un calcul biliaire. »

Mon cœur bat toujours pour les causes perdues, surtout quand le sort ou le monde entier s'acharnent contre elles. Les harkis. Les martyrs tutsis. Les minorités serbes du Kosovo. Les grands écrivains, cinéastes ou artistes qui discréditent ou démolissent leur œuvre à coups de propos imbéciles dans des interviews stupides.

Ce soir-là, c'est Sarkozy la cause perdue, mais je ne dirai pas que je l'aime. On ne peut aimer quelqu'un qui vous hait à ce point et cherche à vous dégommer de partout. « La haine, a écrit Jean-Paul Sartre dans *L'Être et le Néant*, réclame d'être haïe, dans la mesure où haïr la haine équivaut à une reconnaissance inquiète de la liberté du haïssant. »

Haïr sa haine ne m'empêche pas de trouver Sarkozy touchant. Je reconnais qu'il y a de la condescendance dans ce dernier adjectif, mais bon, j'ai toujours eu du mal à prendre ce personnage au sérieux. Les enfants m'émeuvent et, donc, il m'émeut.

Ce soir-là, je pose à Sarkozy des questions sans concession sur son bilan économique et l'endettement de la France. Je lui rappelle ainsi qu'il a été au pouvoir pendant près de douze ans sur les « trente piteuses » ou « honteuses » qui ont mis la France par terre en ruinant ses finances publiques. Il se tortille, il rigole, il évacue, il me circonvient.

Je suis plein de bouillonnements ; il ne faut pas me secouer, je risquerais de partir en sucette. J'essaie de me contrôler.

Carla Bruni-Sarkozy : « S'il est réélu, ce sera bien fait pour vous. »

La télévision ne supporte pas la fureur ni les fulminations, à moins qu'elles ne soient jouées et, donc, peu sincères. Il y a près de trente ans, à l'émission *L'Heure de vérité*, je m'étais ridiculisé face à Jean-Marie Le Pen devant qui j'avais clabaudé comme un pit-bull nain, tandis qu'il me repoussait du pied en s'amusant. Quand j'eus terminé mon numéro, je me souviens que, sur le plateau, la « claque » du Front national m'avait applaudi à tout rompre pour me remercier du service que j'avais rendu à son chef. Une des hontes de ma vie.

Comme Nicolas Sarkozy qui est, lui, un professionnel aguerri, j'ai donc tout fait pour garder le sourire pendant l'interview. Je n'ai même pas hésité à reconnaître à la fin, répondant à une question de David Pujadas, son « formidable » talent de débatteur. Que n'avais-je pas dit ? Il n'en a pas fallu plus pour que je fusse traité, le soir même, de « cire-pompes » par la populace d'Internet et, les jours suivants, par la médiacratie bien-pensante.

L'anti-sarkozysme primaire est décidément devenu l'idéologie dominante et il bouche la vue à tous ceux qui en sont frappés. Le spasme ou l'aveuglement remplace l'analyse. Pas question de reconnaître l'incroyable métier du président sortant ni même ses qualités d'artiste et de bonimenteur. Après ça, rien ne pouvait me convaincre davantage que son échec était programmé. L'hystérie de Sarkozy avait semé l'hystérie et il la récoltait aujourd'hui au centuple. Il était fait comme un rat, telle était ma conviction.

C'était sans doute la sienne aussi. Il ne m'a au demeurant pas contredit quand, à la fin de l'émission, j'ai parlé de son « énergie du désespoir », de la « tristesse » de son regard et de la « lueur » qui avait quitté ses yeux éteints.

Après le générique, quand les lumières ont baissé d'intensité, Nicolas Sarkozy était en nage : on aurait dit que sa chemise avait trempé dans une soupe. Il s'est jeté sur moi pour s'excuser d'avoir fait une allusion à ma vie privée en évoquant ses ennuis conjugaux (« Vous avez connu ça »).

« Pardonne-moi, a-t-il murmuré, je n'aurais pas dû, je ne sais pas ce qui m'est passé par la tête.

— Ce n'est pas grave, ai-je répondu, grand seigneur. À mon avis, ça a échappé à tout le monde. Sauf, peut-être, à mon ex...

— Désolé, vraiment désolé, je m'excuse. »

Pourquoi faut-il toujours qu'il en fasse trop ? Il s'en fout et, au demeurant, moi aussi. Après quelques phrases de politesse avec Thierry Thuillier, le patron de l'information de la télévision publique, et toute l'équipe de l'émission, le président sortant est reparti content de sa performance mais liquéfié, essoré et abattu.

Il faut toujours se méfier des politiciens quand ils sont morts. C'est qu'ils vont bientôt ressusciter. Mais pour renaître, il leur faut au moins une petite flamme, fût-elle vacillante. Il semble bien l'avoir perdue.

Le lendemain matin, sa femme, que je connais à peine, m'a téléphoné. Après m'avoir demandé de ne pas prendre de notes, ce que j'ai fait quand même, une manie dont je ne me départirai jamais, Carla Bruni-Sarkozy m'a tenu ce langage, d'une voix blanche, tremblante d'indignation : « Je sais bien que mon mec a tous les défauts, c'est un juif et un métèque qui a épousé une rital, mais c'est une honte, ce que vous avez fait avec lui depuis cinq ans. Je ne parle pas de vous particulièrement mais de tous les journalistes en général. Je n'ai jamais lu autant de mensonges sur quelqu'un qui se tue au travail. Moi-même, j'ai un avatar qui n'existe pas, figurez-vous, une connasse à qui les journaux font dire des tas de bêtises. Quant à mon mari, je n'en parle pas, c'est un festival d'inventions, d'horreurs et de méchancetés gratuites. S'il est réélu, ce sera la preuve que les Français ne vous croient plus et, franchement, ce sera bien fait. »

Le jour même, son mari a téléphoné à François Pinault pour dénoncer ma « perversité » pendant l'émission où, pourtant, j'avais fait de mon mieux pour apparaître honnête et objectif, un bon petit soldat du journalisme indépendant ne roulant pour personne ou, si c'est le cas, jamais longtemps.

J'imagine les soirées chez les Sarkozy repliés comme dans un bunker, au milieu des chants d'oiseaux, dans leur maison d'Auteuil. Un petit paradis du XVIe arrondissement de Paris où, dans leur lit, avant de s'endormir, ils conchient la presse qui leur veut tant de mal et pleurent sur le malheur d'être riches, puissants, célèbres et, en plus, mal aimés.

Je les plains. Ils n'ont rien compris de la vie et c'est trop tard pour apprendre : la haine des autres monte et descend en fonction de notre place sur l'échelle sociale. Quand on est tout en haut, elle est généralement à son paroxysme et inversement. Comme disait Mark Twain, « les riches qui pensent que les pauvres sont heureux ne sont pas plus bêtes que les pauvres qui pensent que les riches le sont ».

17
Mélenchonisation

> « Il y a tellement de choses plus importantes que l'argent mais il faut tellement d'argent pour les acquérir. »
>
> Groucho MARX

« Hollande ? Un social-démocrate flottant et ramolli », disait Mélenchon avec l'air de cracher une crevette pourrie.

« Mélenchon ? Un pseudo-léniniste bavard et prétentieux », répondait Hollande avec une condescendance non dénuée d'exaspération.

Naguère, quand ils cohabitaient à la direction du PS, il y avait déjà entre eux un mélange de détestation et d'incompréhension. Dès que Jean-Luc Mélenchon ouvrait la bouche dans un bureau national, François Hollande préparait une petite vanne qu'il cuisait pendant sa diatribe, pour la sortir au moment de la péroraison finale, mettant les rieurs de son côté.

Mélenchon était une de ses têtes de Turc, avec Montebourg, Valls, Fabius, Peillon ou Cambadélis. Il ne lui passait rien. En ce temps-là, pour le plaisir d'un mot, Hollande ne cessait, à chaque réunion, d'allonger la liste de ses ennemis.

Stéphane Le Foll se souvient quand même d'avoir entendu Jean-Luc Mélenchon lui dire, dans la cour du siège du PS, après que François Hollande eut annoncé qu'il quittait la direction du parti, en 2008 : « Il aura pourtant beaucoup donné, François. Courir la France, se farcir des pizzas, des mauvais sandwichs ou des heures de train et se faire chier dans les banquets républicains à écouter des conneries, c'est pas une vie, il aura été au bout de ce qu'on peut faire. Et aujourd'hui, quand on voit tout le monde lui taper dessus et le traiter comme un chien, franchement, c'est à vous dégoûter de la politique. »

Les deux gauches qui se détestent.

Fugace moment d'empathie. François Hollande et Jean-Luc Mélenchon incarnent les deux gauches qui se détestent. La lyrique et la réaliste. La tribunicienne et la gestionnaire. Celle qui bat le pavé en s'époumonant, la sueur aux lèvres, contre les « riches ». Celle qui potasse ses dossiers, le soir, au coin du feu, et connaît ses chiffres sur le bout des doigts. Ils sont d'autant plus éloignés l'un de l'autre qu'il leur est arrivé d'avoir les mêmes « parrains » : François Mitterrand puis Lionel Jospin.

Quand, après avoir fait de François Hollande son successeur à la tête du PS, en 1997, le Premier ministre Lionel Jospin a nommé, en 2000, Jean-Luc Mélenchon ministre délégué à l'Enseignement professionnel, il est devenu pour les deux hommes un mélange d'idole, de bienfaiteur et de figure paternelle. Après avoir éprouvé la même fascination pour le mitterrandisme, ils se sont convertis au jospinisme, sa version janséniste et cul-cousu.

Mais ils n'ont pas la même conception de la politique. Mélenchon est un prophète qui ne pense qu'avec son organe vocal, lequel semble au demeurant contrôler la plupart de ses fonctions corporelles, y compris plusieurs zones du cerveau. Hollande, lui, est un revenant de la IIIe République qui ne crée pas les événements, mais les accompagne pour les orienter, et qui a laissé son moi chez lui, sur sa commode, négligeant de l'admirer, contrairement à l'ensemble de ses collègues. C'est sans doute pourquoi il a l'ouïe si développée.

Même s'il ne l'a pas lu, je gage que François Hollande porte sur Jean-Luc Mélenchon le même jugement que Charles Péguy, jadis, sur Jean Jaurès : « C'est une grande misère que de voir des ouvriers écouter un Jaurès. Celui qui travaille écouter celui qui ne fait rien. Celui qui a un outil dans la main écouter celui qui n'a dans la main qu'une forêt de poils. » Mais parler, haranguer, exhorter, gesticuler sur une estrade, n'est-ce pas aussi travailler ?

En ce cas, Jean-Luc Mélenchon travaille dur. Mais ce n'est pas seulement son éloquence qui l'a porté si haut. Il y a aussi son charme personnel. Rares sont ceux qui n'y succombent pas. Y compris parmi ses ennemis de classe, comme Jean d'Ormesson avec qui il peut discuter aussi bien de Démocrite que de Blaise Pascal. Qui connaît cet homme le trouvera irrésistible. Il a tout ce qui manque à ses congénères du monde politique : la colère, la violence, la passion, la culture historique et philosophique. Sans parler du charisme.

Quand Hollande triangule Mélenchon qui triangule l'extrême gauche.

Jean-Luc Mélenchon est-il sincère ? Le doute est permis. Un jour que je le félicitais d'avoir frappé un grand coup en proposant de réduire l'écart des salaires de un à vingt dans les entreprises, une réforme de fond qui allait provoquer un vrai débat, j'avais ajouté : « Mais tu devrais arrêter de dire tes conneries sur l'euro, la dette, l'économie et les finances publiques, ça décrédibilise tout ce que tu racontes par ailleurs. » Je me souviens qu'il n'avait pas protesté. Je me suis souvent demandé, depuis, si ce silence ne valait pas approbation.

Quand il prétend créer un improbable « système d'allocations » pour les jeunes, il ne peut ignorer que l'État n'a plus les moyens de s'endetter encore davantage pour payer ce genre de fadaises. Quand il propose d'élever le SMIC à 1700 euros, soit une hausse de 20%, Mélenchon est trop malin pour ne pas savoir que cette mesure stupide se retournerait très vite contre les travailleurs qu'elle prétend défendre, en détruisant des emplois, comme le lui ont rappelé certains syndicalistes.

Il y a donc du cynisme chez cet ancien enfant de chœur, si talentueux qu'il réussit à faire rêver, avec des promesses auxquelles il ne croit pas, des gens qui ne leur prêtent aucun crédit. Qu'importe : sa sincérité, à géométrie variable, dépend de son objectif du moment et il est clair. Il ne s'agit pas de conquérir le pouvoir, mais de mettre la main sur la part de marché des trotskistes et des communistes qu'il qualifiait encore, il n'y a pas si longtemps, de staliniens. En somme, il entend refaire avec la gauche de la gauche ce que François Mitterrand a réussi avec le parti socialiste : en prendre le contrôle.

Ex-trotskiste de l'Organisation communiste internationale (OCI) dont il fut le dirigeant local à Besançon, de 1972 à 1975, « Méluche » est rompu à l'art de la triangulation qui consiste à reprendre les thèmes de l'adversaire pour le neutraliser. Il parle d'une même voix le trotskisme et le stalinisme, deux langues jusqu'alors inconciliables, et réussit à les noyer dans son torrent verbal de télévangéliste gouailleur, emportant tout sur son passage, les vrais chiffres et les réalités du monde. Par un incroyable tour de passe-passe, l'admirateur de Mitterrand et ministre de Jospin est ainsi devenu le porte-flambeau de l'extrême gauche.

Pendant toute cette campagne, s'il est un homme dont François Hollande a peur, c'est bien de Jean-Luc Mélenchon. À cause de ses qualités de prédicateur et de rassembleur. À cause de son brio, surtout. Il est convaincu qu'un score élevé de Mélenchon – dans les 15 % – au premier tour risquerait de ruiner ses chances en affolant les électeurs centristes que sa prudence a séduits. C'est pourquoi, dès les premières semaines, pratiquant lui aussi l'art de la triangulation, il a veillé à se garder à gauche, comme on l'a vu lors de son discours du Bourget.

Le 25 février 2012, François Hollande commence à sentir les premiers mouvements des plaques tectoniques de la gauche en faveur de Jean-Luc Mélenchon. Il comprend que sa campagne s'épuise et donne lui-même des signes de lassitude, avec les somnolences afférentes. Ce jour-là, il décide de se poser toute la journée avec son équipe, dans son QG de candidat, avenue de Ségur, pour faire le point sur l'agenda, l'organisation et, surtout, la stratégie.

Après le déjeuner, François Hollande réunit son staff de base pour évoquer le fond : Pierre Moscovici, le directeur de campagne, Manuel Valls, le patron de sa communication, Stéphane Le Foll, l'alter ego, en charge de l'organisation, et Aquilino Morelle, une pièce rapportée, directeur de campagne d'Arnaud Montebourg pendant les primaires, devenu la plume du candidat socialiste.

« Il régnait une certaine tension, se souvient Manuel Valls. Il fallait qu'on reprenne la main et, après l'annonce des augmentations obscènes que s'étaient accordées de grands patrons, on cherchait quelque chose autour du salaire maximum dans le secteur privé. »

Une dizaine de jours plus tôt, le cabinet Proxinvest avait en effet estimé à 34 % l'augmentation moyenne des revenus des patrons du CAC 40 en 2010. Il y avait là un bon terrain pour Jean-Luc Mélenchon dont la campagne carburait, pour l'essentiel, à la haine du riche, de la cupidité et de la goinfrerie. Le candidat du Front de gauche avait au demeurant commencé à l'exploiter, à sa façon tonitruante.

« On ne peut pas laisser passer ça ! s'exclame Stéphane Le Foll. C'est aussi notre combat ! »

Le jour où le philosophe Felix Adler inventa le « revenu maximal ».

C'est Aquilino Morelle qui a trouvé la solution. Il est venu à la réunion avec la dernière livraison du *Monde diplomatique* où figure un article de Sam Pizzigati, intitulé « Plafonner les revenus, une idée américaine ». L'auteur y développe le principe du « salaire maximum » défendu par le philosophe américain Felix Adler (1851-1933). Une sorte de saint laïque et rationaliste, fondateur de la Société pour une culture éthique, qui a été de tous les grands combats sociaux de son temps, notamment contre le travail des enfants.

Felix Adler est un utopiste social, du genre poétique, qui écrit aussi bien sur la religion que sur l'amour qu'il résume ainsi : « L'expansion de deux natures de telle sorte qu'elles se mélangent et s'enrichissent l'une l'autre. » Sa définition de l'impôt n'a pas davantage vieilli : à ses yeux, c'est « la quantité de sacrifice personnel qu'une communauté est déterminée à imposer pour garantir le bien public ».

L'idée de revenu maximal est née le 8 février 1880. Ce jour-là, lors d'une conférence relatée par le *New York Times* du lendemain, Felix Adler prétend ouvrir une troisième voie entre le communisme et l'individualisme et, pour ce faire, propose de mettre en œuvre une fiscalité progressive qui, au-dessus d'un certain niveau, s'appropriera tout. Il entend « défendre l'individu dans son droit de jouir de tout ce qu'il a acquis honnêtement » mais pense qu'il faut le frapper à 100 % « quand une somme élevée et abondante a été atteinte, amplement suffisante pour tous les conforts et tous les raffinements de la vie ». Pour résumer, il faut reprendre au riche ce qui ne sert plus qu'« à l'apparat, à la fierté, au pouvoir ».

Certes, en cette fin du XIXe siècle, Felix Adler ne croit pas que son impôt progressif soit « probable, ni même possible, sous les conditions présentes », mais il espère bien que, un jour, « les plus nobles parmi les hommes et les femmes des classes riches renoncent volontairement au superflu pour répondre à la situation misérable et aux besoins criants des plus pauvres ».

Par la suite, Felix Adler a fait aux États-Unis pas mal de petits ou de disciples dont le moindre ne fut pas Franklin D. Roosevelt qui, dès 1935, décide de « faire payer les riches », instituant ensuite, pendant la guerre, un taux d'imposition des revenus supérieurs à 94 %. Un taux confiscatoire qui restera longtemps à des niveaux de ce type mais n'entravera en rien le boom économique américain de l'après-guerre. Il était ainsi de 91 % en 1963, avant de baisser brutalement, dans les années 80, jusqu'à 28 %, sous l'impulsion de Ronald Reagan.

Disciple de Felix Adler, Sam Pizzigati, gourou américain du plafonnement des revenus, se prononce ainsi, dans *Le Monde diplomatique*, pour un « un vrai salaire maximum, indexé sur le salaire minimum, qui prendrait la forme d'une fiscalité fortement progressive […]. Le maximum serait défini comme un multiple du minimum et tout revenu supérieur à dix ou vingt-cinq fois ce minimum serait frappé d'un impôt de 100 %». De la sorte, les plus riches auraient un intérêt personnel au bien-être et à la hausse du niveau de vie des classes les plus défavorisées.

C'est à partir de cette réflexion que François Hollande et son équipe décident de frapper un grand coup en proposant d'instituer une tranche d'impôt à 75 %, sans équivalent en Europe, pour la part des revenus annuels qui dépasse le million d'euros. Venant du candidat socialiste, c'est bien joué. Il fait sensation et reprend la main en marquant à la culotte Jean-Luc Mélenchon qui, lui, n'a pas hésité à préconiser un taux à 100 % pour les revenus annuels supérieurs à 360 000 euros. Politiquement, de la belle ouvrage. Sur le plan économique, c'est autre chose…

Les mauvais comptes des « écocomiques » du PS.

Je propose qu'on appelle désormais « écocomiques » les grotesques économistes du PS ou de l'UMP, tant leur idéologie leur brouille la vue, les amenant à nous servir sans cesse des vaticinations plus ridicules les unes que les autres. Ils n'ont pas encore compris, par exemple, que la France n'a plus beaucoup de marge de manœuvre en matière de prélèvements obligatoires : 44,8 % par rapport au PIB en 2012, loin devant l'Allemagne, le Royaume-Uni et les États-Unis.

L'impôt permet de redistribuer, et c'est toute son utilité dans des pays avancés où, comme le rappelle Angel Gurria, secrétaire général de l'OCDE, « les revenus moyens des 10 % les plus riches sont désormais près de neuf fois supérieurs à ceux des 10% les plus pauvres ». Mais pour faire rentrer des recettes, l'impôt doit rester mesuré : il est avéré que les taux punitifs ne rapportent rien. Ce qui n'a pas empêché, aussitôt connue la mesure des 75%, les « écocomiques » du PS d'assurer, calculette à la main, qu'elle rapporterait entre 200 et 300 millions par an.

Sur le papier, peut-être. Dans la réalité, rien n'est moins sûr. D'abord, parce que, devant une nouvelle réforme fiscale, les contribuables prennent leurs précautions, adaptent leur type de revenus, se carapatent hors des frontières et changent de nationalité fiscale.

Ensuite, parce qu'en ajoutant les prélèvements de l'ISF, de la CSG et de la CRDS, le taux d'imposition atteindrait pour ces catégories-là des niveaux absurdes : 120% selon *Le Canard enchaîné*, 110% selon le rapporteur UMP de la Commission des finances à l'Assemblée nationale.

Enfin, parce que le Conseil constitutionnel pourrait siffler rapidement la fin de la récréation : dans une décision du 29 décembre 2005, les Sages ont fixé une limite de l'imposition à 60%, taux qui leur semblait « éviter une rupture caractérisée de l'égalité devant les charges publiques ». On ne les imagine pas se déjuger.

La mesure des 75% est pourtant populaire, elle tombe à pic et s'appuie sur une belle idée, celle du revenu maximal. François Hollande a, de surcroît, trouvé les mots qu'il fallait pour la défendre : « Un dirigeant ne peut gagner en un an ce qu'un smicard mettra cent ans à gagner [...]. C'est un signal qui est envoyé, un message de cohésion [...]. C'est du patriotisme de payer un impôt supplémentaire pour redresser le pays. »

Le drame est que les patriotes ne répondent pas à l'appel. Au contraire, les étoiles de la mode et du football menacent de prendre le chemin de l'exil. De Patrick

Bruel à Jamel Debbouze, les grandes consciences de la bonne gauche ont des états d'âme. Les patrons sont aux cent coups. Y compris ceux des super-riches qui ont signé, quelques mois plus tôt, dans *Le Nouvel Observateur*, un appel gentiment cucul pour payer plus d'impôts et participer à l'effort national.

« Mais non ! c'était pour rire », ironise *Le Canard enchaîné*, sûr que sera retoquée la mesure du candidat socialiste. Qu'importe ce fiasco annoncé pourvu qu'elle ait, en le mélenchonisant, requinqué Hollande qui, de nouveau, fait bonne figure. C'était précisément le but...

18
Le cadenas de la chattemite

« Si je préfère les chats aux chiens, c'est parce qu'il n'y a pas de chats policiers. »

Jean COCTEAU

C'est un chat. Plus j'observe François Hollande, plus il me fait penser aux chats de la ferme de mon enfance, au bedon bien rempli et au regard carnassier, qui ne faisaient toujours que passer.

Ils étaient introuvables et insaisissables tant qu'ils n'entendaient pas le tintement des gamelles et le clapotis du lait versé sur le pain perdu. Ils n'en faisaient qu'à leur tête. Ils donnaient toujours le sentiment de se ficher du monde.

Certes, il y a chez Hollande, comme je l'ai dit plus haut, quelque chose de simiesque et, quand ça tire dans les arbres, il n'a pas son pareil, tel le ouistiti, pour éviter les plombs. Mais il me semble que le nom de chattemite le résume mieux que tout autre, plus encore qu'il pouvait résumer Mitterrand : « Personne qui, selon Le Robert, affecte des manières douces et modestes pour tromper son entourage. »

Du chat, Hollande a le sang-froid, la nonchalance attentive et une retenue orgueilleuse qui l'empêche toujours de s'abandonner vraiment. Rien ne semble jamais l'atteindre. Ni les lazzi ni les quolibets. Pas même le mépris des siens.

Le contraire de Sarkozy, chien de garde au pedigree douteux, croisement de jack-russell et de pitbull, clabaudeur professionnel, aussi entier que frénétique, dont les extravagantes cabrioles, pour se rendre intéressant, finissent par émouvoir les âmes les plus sèches. « Pauvre bête, diront-elles, elle a tellement besoin d'être aimée, elle se damnerait pour ça. » C'est ainsi que le président sortant peut parfois émouvoir.

La tête de « candidat sortant » de François Hollande.

Hollande, jamais. Il ne cherche pas à plaire, mais à agréger pour gagner. Il prend cependant sur lui. Au fur et à mesure que la campagne avance, son visage se métamorphose. L'épanchement n'est pas son fort. L'impudeur non plus. Mais ses traits le trahissent. Ils se ferment et se crispent, dévoilant ses doutes : une angoisse indéfinissable a chassé la jovialité bonasse qui, jusqu'alors, l'habitait. Il n'est plus vraiment le même. Pour un peu, il aurait une tête de candidat sortant.

De ce nouvel état d'esprit, Hollande ne s'ouvre à personne, mais la raison en est évidente, si l'on en juge par les bribes qu'il a pu me lâcher, comme à d'autres, sur un ton de colère contenue, du genre :

« La situation qu'on va trouver est épouvantable.

— Mais alors, comment vas-tu faire avec ton programme ?

— La France est arrivée à l'heure de vérité, je crains qu'elle ne tombe des nues. Il faudra tenir, ne pas décevoir... »

Il répond à côté avec une tête de mal de mer. Il est déjà dans l'après-6 mai, les catastrophes financières, les annonces impopulaires, les grèves générales. Voilà pourquoi un gros ver le ronge, un ver bien gras qui, après s'être gorgé de sa joie de vivre, n'a laissé dans son regard fixe où il a tout sucé qu'une espèce de mélancolie anticipatrice. Il s'illumine moins souvent des éclats de cette malice qui, il n'y a pas si longtemps, égayait tout le temps ses prunelles.

Hollande est-il bien l'homme de la situation ? S'ils s'y sont tous mis pour plomber les finances publiques, les Mitterrand, Chirac ou Sarkozy, ce n'était pas pour le plaisir de ruiner la France, mais, au contraire, par peur de lui déplaire. Quand ils avaient des éclairs de lucidité, ce qui pouvait leur arriver, leur détermination se fracassait sur le mur de l'incompréhension d'un peuple frivole et gavroche. C'est du moins ce qu'ils pourraient plaider.

En reprenant mes vieux carnets, je suis tombé, à la date du 25 septembre 1996, sur une conversation avec Jacques Chirac, président de la République, lors d'un petit-déjeuner à l'Élysée.

Alain Juppé : « On ne peut rien faire avec ce pays ! »

Ce jour-là, Chirac avait une tête d'oreiller chiffonné et le visage tuméfié des lendemains de cuite. Je me disais qu'il avait encore abusé du rhum avant de se coucher. Mais il avait les idées très claires. « Pendant les Trente Glorieuses, me dit-il, on a payé la croissance avec de l'inflation et du déficit. C'était facile, on était les rois du monde, les pays pauvres payaient nos turpitudes à notre place. Sans oublier nos classes défavorisées qu'on roulait dans la farine : elles aussi réglaient l'addition puisqu'avec l'inflation on carottait leurs salaires et elles économisaient toute leur vie pour rien. Aujourd'hui, c'est fini, tous ont relevé la tête et nos bourgeoisies ne peuvent plus s'enrichir comme avant, aux dépens du reste du monde ou sur le dos des petites gens. Alors, forcément, on se heurte aux habitudes et aux archaïsmes. Eh bien, y a pas trente-six solutions, il faut serrer les dents et continuer cette politique de mise à niveau. Sinon, je vous le dis, on va dégringoler la pente du déclin. J'entends bien les cris d'orfraie de tous ces connards qui voudraient que rien ne bouge, ils sont peut-être même majoritaires dans le pays, mais on ne doit pas se laisser intimider par eux, c'est une erreur que je ne commettrai pas. »

Ces propos peuvent prêter à sourire, aujourd'hui qu'on connaît le bilan du chiraquisme mais, à l'époque, Jacques Chirac avait entrepris de réformer le pays, au prix de grèves et de manifestations monstres, l'année précédente. Après la pseudo-révolution sociale de l'automne 1995, il tenait encore son cap.

À l'instant où il terminait sa péroraison, Alain Juppé, son Premier ministre, s'amena de sa démarche légère, mais avec une tête d'enterrement. « On dirait, ai-je noté dans mes carnets, qu'il a un quartier de citron pourri dans la bouche, tant il a l'air dégoûté. » Les yeux enfoncés dans les orbites, il ressemblait à un mort-vivant qui aurait un bel avenir derrière lui. Mais c'était normal, il avait eu à gérer une situation désastreuse après le passage sur la France de l'ouragan Balladur qui avait mis à sac les finances publiques.

Le président, aux petits soins, l'invita à s'asseoir avec nous, puis lui proposa du café et des viennoiseries. La conversation ayant repris son cours, Alain Juppé finit par se lâcher : « On ne peut rien faire avec ce pays ! Il se gargarise de réformisme, mais il ne veut pas de réformes. Il ne supporte pas le changement, même quand il est nécessaire. C'est un peuple conservateur et frileux, accroché à ses privilèges, recroquevillé sur ses préjugés et crispé sur son passé. Pensez ! Il se met à hurler dès que je fais un geste ou que je bouge le petit doigt. Franchement, il faudrait un miracle pour que je réussisse. »

La France, mère patrie des moutons à gueule de loups.

Je m'en voulais de ne pas lui donner tort. Il n'y avait pourtant rien à redire. La France est la mère patrie des moutons, mais des moutons à gueule de loups. Quand il arriva à Matignon, après la première élection de Jacques Chirac à la présidence, en 1995, Alain Juppé ne le savait pas et c'est sans doute ce qui l'a perdu. En attendant, avec le soutien de Jacques Chirac, il fut l'un des rares politiciens qui, pendant les « trente honteuses », tenta de s'attaquer à la question des finances publiques. Respect.

Alain Juppé incarne la stratégie qui a échoué, celle du passage en force. Encore que celle du passage en douceur n'ait pas fait non plus la preuve de son efficacité. Mais on sait déjà que c'est celle-ci qui, près de vingt ans plus tard, les mêmes problèmes n'ayant pas été résolus, aura la préférence de François Hollande.

Sa méthode, François Bazin, l'un des meilleurs connaisseurs de la gauche, la décrit comme celle d'un homme insaisissable « dans sa manière de conserver, par principe, au fond de sa poche, les cartes qu'il ne retournera que si l'événement l'exige [1] ».

Quant à son jeu, Renaud Dély a tout dit dans le même dossier du *Nouvel Observateur*, en utilisant la métaphore du football, sport dont François Hollande est un grand amateur :

---

1. *Le Nouvel Observateur*, le 19 janvier 2012.

« Le candidat PS joue ultradéfensif [...]. Cet amoureux de "Platoche" (Platini) sait que pour gagner, il vaut mieux imiter "la Dèche" (Deschamps), modèle 1998. Ne pas prendre de risques, ne pas hésiter à dégager en touche, éliminer les arabesques et fanfreluches inutiles pour se concentrer sur des gestes simples mais efficaces. Ce n'est pas brillant, certes, encore moins spectaculaire, mais *"du moment que ça gagne"*. »

Lumineux, Renaud Dély décrit ainsi le candidat socialiste en roi de l'esquive, de la pirouette et de la passe en retrait :

« Son patronyme l'inviterait à ressusciter le "football total" de l'Ajax d'Amsterdam qui a bercé son adolescence. Mais le candidat socialiste, toujours lucide, sait résister à la tentation. Il s'est donc converti au *catenaccio* [le "cadenas" en italien], cette philosophie de jeu ultradéfensive » dont le pape fut « l'entraîneur de l'Inter de Milan, Helenio Herrera ».

Cette stratégie permettra-t-elle à Hollande de se dépêtrer de son abracadabrant programme qui eût été plus approprié dans la France des années 60 ? De domestiquer le mélenchonisme, nouveau communo-trotskisme ? De s'affranchir d'une gauche du PS pour laquelle il incarne le démon social-démocrate ? D'entraîner les braillards, les imbéciles et les poids morts de sa famille politique ? D'amener le pays à comprendre que la fête est finie et qu'il faut maintenant remettre de l'ordre dans les finances publiques ?

Ce sont évidemment les questions qui le minent et creusent les rides de son visage qui, depuis peu, n'a plus rien de poupin. Mais je suis sûr qu'il ne se les formule pas longtemps en son for intérieur, elles lui font bien trop peur, ça n'avancerait à rien. Il aura toujours le temps d'aviser après.

Thomas, son fils aîné, a dit un jour que lorsque Hollande était dans une pièce, on ne savait jamais quelle porte il choisirait pour sortir[1]. Bien vu. Mais comme les chats, il finit toujours par sortir, parfois pour ne plus revenir.

---

1. Serge Raffy, *François Hollande, itinéraire secret*, Fayard, 2011.

19
L'homme qui court après ses jambes

> «Suis le chemin et ne t'y couche que pour mourir.»
>
> COLETTE

Si l'on en croit l'horloge de la caméra de surveillance de l'école juive Ozar Hatorah de Toulouse, il était 7 h 56, le 19 mars 2012, quand tout a commencé. Un homme au visage caché sous un casque noir intégral à visière gare son scooter TMAX Yamaha devant l'établissement scolaire, 33, rue Jules-Dalou. Il descend, avance d'un pas tranquille, sort une arme, puis une autre après que la première s'est enrayée, et tire comme un professionnel. Un père et ses deux enfants, pour commencer. Une petite fille, ensuite, Myriam, qu'il tient par les cheveux avant de la tuer «à bout touchant» avec un calibre 11.43. Après quoi, il retourne à son scooter du même pas tranquille, remonte dessus et disparaît.

Un calibre 11.43, un scooter TMAX, un assassin solitaire et une froide détermination : les enquêteurs font tout de suite le rapprochement avec trois meurtres de militaires, quelques jours plus tôt, à Toulouse et à Montauban. Le premier, Imad Ibn-Ziaten, maréchal des logis-chef, tué sur un parking d'une seule balle dans la tête, sous l'œil gauche ; les deux autres, les parachutistes Mohamed Legouad et Abel Chenouf, tombés sous les balles du tueur, devant un distributeur automatique de la Caisse d'épargne, près de leur caserne du 17ᵉ régiment. Leur camarade, Loïc Liber, gravement blessé, s'en sortira. Cette fois, les victimes étaient musulmanes ou catholiques.

Le matin de la tuerie de l'école juive, François Fillon reçoit un coup de téléphone furibard de Nicolas Sarkozy qui a décidé de se rendre sur-le-champ à Toulouse : « Je ne sais pas ce qu'on fout, personne n'est mobilisé, ça ne va pas du tout. Il faut tout de suite protéger les synagogues et empêcher les militaires de sortir de leurs casernes. »

Du Sarkozy tout craché.

François Fillon ne s'est pas offusqué de cette injonction présidentielle, au contraire. « Nicolas Sarkozy a un sixième sens, me dira-t-il quelques jours plus tard. Une grande impatience aussi. Quand il a une idée, il faut qu'on passe sans tarder à l'exécution. On était tous écrasés par l'information, dans un état de sidération totale. Il est probable que s'il n'avait pas été là, la machine de l'État aurait mis plus de temps à se mettre en branle. »

Sarkozy sait que cette affaire peut le remettre en selle. Il transmet immédiatement à ses troupes ses instructions en forme de mots d'ordre : dignité et sobriété. Hollande fait de même, mais avec une certaine anxiété. Plusieurs fois, quand on évoquait sa victoire à venir, j'avais entendu le candidat socialiste objecter qu'il n'était pas à l'abri d'un « événement extérieur » que le président sortant saurait exploiter et qui pourrait changer la donne. Le voilà, « l'événement extérieur ».

Pourquoi Mohamed Merah n'a-t-il pas été attrapé vivant ?

Hollande a la sagesse de coller comme un sparadrap au chef de l'État. Il interdit à ses lieutenants de tomber dans la polémique. Personne ne pourra l'accuser de jouer contre la France ni de troubler, comme d'autres candidats, le climat d'« union nationale » qui se répand peu à peu dans le pays. En devenant l'ombre ou la doublure de Sarkozy, il se présidentialise davantage encore, imperceptiblement. Leurs paroles se confondent, au point qu'on ne sait plus qui a dit quoi.

François Hollande, le 20 mars, lendemain de la tuerie de l'école juive : « Nous devons tous être unis. Lorsqu'il y a une agression, une horreur, un acte raciste, antisémite, nous devons tous être rassemblés. »

Nicolas Sarkozy, le 21 mars : « Nous devons tous être rassemblés. Nous ne devons céder ni à l'amalgame ni à la vengeance. La France ne peut être grande que dans l'unité nationale. »

François Hollande, le 22 mars : « La sécurité, c'est la première des libertés, la liberté sans laquelle les autres libertés perdent leur valeur et leur sens. »

L'enquête ne traîne pas. Les policiers identifient rapidement un suspect : Mohamed Merah, un islamiste qui, en 2011, avait été convoqué à l'antenne régionale de la Direction centrale du renseignement intérieur (DCRI) après avoir effectué deux voyages en Afghanistan, puis au Pakistan. Une fois le tueur localisé, l'affaire est prise en main par les hommes du RAID qui l'abattent à son domicile toulousain après un siège d'une trentaine d'heures.

Pourquoi Mohamed Merah n'a-t-il pas été attrapé vivant ? Rien n'empêchait de donner l'assaut plus tard, par exemple quarante heures après la première tentative d'interpellation, quand le tueur aurait été explosé de fatigue. D'où les questions que se pose, après le drame, une partie de la hiérarchie policière. Elle note que la DCRI a tardé à sortir son nom après les meurtres des militaires de Montauban, quand le profil islamiste de l'assassin se précisait, et que, pendant le siège, après qu'il fut identifié, il avait demandé à parler à l'un des agents du renseignement, rencontré en 2011.

Mohamed Merah n'était-il pas une « source traitée » de la DCRI qu'il aurait ainsi bernée ? N'a-t-il pas été liquidé pour effacer les traces ? Rien ne le prouve et, si c'était le cas, il est à peu près sûr qu'on ne le saura jamais. Les policiers sont comme les journalistes ; ils ne donnent jamais leurs sources...

En attendant, l'affaire Mohamed Merah, bien gérée sur tous les plans, a profité au chef de l'État qui, les jours suivants, a retrouvé un peu d'air dans les sondages : le président sortant et le candidat socialiste sont désormais au coude à coude au premier tour, quand Sarkozy ne caracole pas en tête, tandis que l'écart entre les deux candidats se resserre au second.

Dans *Le Figaro*[1], Étienne Mougeotte pavoise : « À trente-cinq jours du 6 mai, Nicolas Sarkozy est donc en mesure de pouvoir l'emporter. Qui aurait pu l'imaginer, il y a encore un mois, quand François Hollande disposait d'un avantage dans les sondages, jamais enregistré depuis la campagne présidentielle du général de Gaulle en 1965 ? »

Étienne Mougeotte a raison de souligner que, en plus, l'effet Mélenchon pourrait dissuader de nombreux électeurs centristes de rallier le candidat socialiste au second tour. C'est, au demeurant, on l'a vu, ce que Hollande pense lui-même. Ce n'est pas la moindre des lueurs qui

---

1. *Le Figaro*, le 1er avril 2012.

commencent à scintiller dans la pénombre qui, jusqu'alors, obscurcissait tout à droite, surtout l'avenir.

Soudain, la droite a retrouvé le moral et, désormais, Sarkozy a l'air moins ridicule quand, devant les siens, il prédit sa victoire :

« Si j'arrive à mon score de premier tour de 2007, tout est possible. Je peux alors créer une dynamique et, dans une campagne, tout est affaire de dynamique. Hollande n'a plus de jus, il est en campagne depuis trop longtemps, il ne peut plus surprendre. »

C'est pourtant un de ces jours-là, quand il avait remonté la pente, que Nicolas Sarkozy a vraiment perdu l'élection présidentielle : quand les Français ont pensé avec effroi qu'il pouvait l'emporter le 6 mai. Ils s'interrogeaient sur François Hollande et sa capacité à « cheffer » ou à gérer de grandes crises internationales. Mais ils ne supportaient pas la perspective de voir le président sortant repartir pour un deuxième mandat, c'était au-dessus de leurs forces, ça les rendait malades.

Le théorème de Carter et l'élection par surprise.

C'est ainsi que, dans les jours qui suivent, alors qu'il se sent pousser des ailes, Sarkozy ne recueille aucun fruit de son charisme, de son bagou, de sa force de conviction, de ses trouvailles de tribun et de sa campagne incroyable où il joue les candidats de l'opposition découvrant une France mal en point.

Moi, l'anti-sarkozyste quasiment professionnel, sanctionné comme tel, j'ai parfois le sentiment d'être le seul en France à lui reconnaître du talent. Il semble en effet interdit de lui en trouver. Pas même la moindre once, l'affaire est entendue. Si vous insistez, vous sentez, au regard de vos amis, qu'ils sont prêts à appeler les urgences psychiatriques. Il faudra étudier un jour ce « cas Nicolas » que tout le monde adore haïr et dont la détestation nous rassemble. En attendant, on l'a déjà enterré alors qu'il continue à se battre jusqu'au dernier sang, sous les pelletées qu'on lui jette.

Paradoxalement, Sarkozy a creusé sa tombe en montant dans les sondages. Il ne peut être élu que par surprise. Pas de face, si j'ose dire. Il a été victime de ce que j'appellerais le théorème de Carter.

En 1980, alors que j'étais correspondant du *Nouvel Observateur* aux États-Unis, j'avais suivi la campagne présidentielle où le président sortant, le démocrate Jimmy Carter, affrontait le républicain Ronald Reagan, l'ancien gouverneur de Californie que j'avais qualifié bêtement de « vieille blague » dans un article.

Peu de temps avant l'élection, j'avais entendu cette prophétie incroyable de Jimmy Carter devant un petit groupe de journalistes : « Les Américains ne veulent plus du tout de moi, mais ils ne sont pas à l'aise avec Ronald Reagan. Il les inquiète. Si j'ai de bons sondages dans la semaine qui précède le scrutin, vous verrez, je serai battu. » Sa prédiction se réalisa mieux encore qu'il avait pu l'envisager : ce fut un raz de marée pour Reagan.

Sarkozy n'est pas du genre à parler comme Carter. Il lui eût fallu une hauteur de vue dont il n'était pas capable, en tout cas pour tout ce qui le concernait directement. Jamais il n'aurait pu accepter l'idée qu'il était fait et qu'il finirait par être emporté par le déferlement des haines, dénigrements, ressentiments et indignations, qui coulait à plein bord et qu'accélérait le moindre signe, chez lui, de résistance ou de vitalité. Il avait toujours pensé qu'il retrouverait un jour l'amour du peuple français qui, après plusieurs années de crise, commençait à souffrir sérieusement. Il suffisait, croyait-il, de chercher son point faible pour lui tourner la tête comme en 2007.

Sarkozy ou l'homme qui ne renonce jamais aux causes perdues. Ni à Cécilia, sa deuxième femme, qu'il a tout fait pour récupérer. Ni à la France qu'il s'est échiné depuis des mois à reconquérir alors qu'apparemment elle avait décidé de tourner la page. Il n'a jamais voulu entendre les raisons ni de l'une ni de l'autre. De ce point de vue, il correspond parfaitement à la définition de l'autisme selon Le Robert : « PSYCHIATR. Détachement de la réalité extérieure, la vie mentale du sujet étant occupée tout entière par son monde intérieur. LITTER. Forte tendance à l'introversion et à l'égocentrisme. »

Sarkozy : « Je suis comme Forrest Gump. »

Il m'avait lui-même donné les clés de cet autisme dans une conversation qui remonte à la fin de la présidence de Jacques Chirac. Je ne l'avais pas notée sur un cahier à spirale mais sur une feuille volante que j'ai retrouvée, non datée, quelque temps avant d'écrire ce chapitre, en rangeant de vieux papiers :

« Je suis comme Forrest Gump, m'explique Sarkozy. Il y a tout le temps en moi une petite voix qui dit : "Cours, Forrest, cours." C'est pourquoi je cours.

— J'ai adoré le film de Zemeckis. Tellement poétique, tellement authentique. Le meilleur rôle de Tom Hanks.

— C'est tellement vrai qu'on finit par s'identifier au personnage de Forrest. Je me suis vu en lui. »

Bon sang, mais bien sûr ! Pourquoi n'avais-je pas retrouvé cette feuille volante plus tôt ? J'aurais gagné tant de temps et compris Sarkozy sans avoir à le chercher.

Évidemment, ce n'est pas au Forrest Gump simple d'esprit que s'identifie Sarkozy. C'est au marathonien qui court sans s'arrêter pendant plus de trois ans, inspire à John Lennon sa chanson *Imagine* et qui, tout au long de son existence, rencontre des tas de célébrités comme Elvis Presley, John F. Kennedy ou Richard Nixon, avant de finir milliardaire.

Richissime, super-athlétique et connaissant quelques-uns des grands personnages de son époque : telle est la vie rêvée de Nicolas Sarkozy. Une ambition enfantine qu'il a laissée guider ses pas ; ils l'ont mené là où l'on sait avant de le conduire, ensuite, à la défaite annoncée.

À l'origine du désamour des Français, il n'y a pas seulement le taux de chômage ou sa politique économique mais aussi sa gestuelle sans complexe à la Forrest Gump qui, souvent, le rend si risible. Comme le 3 novembre 2011, quand, à l'issue du sommet du G 20, à Cannes, Nicolas Sarkozy donne avec Barack Obama une interview surréaliste à TF1 et à France 2. D'abord, les fauteuils des deux hommes sont si ingénieusement agencés qu'à l'image, le chef de l'État français (1,68 m) paraît plus grand de 4 ou 5 cm que le président américain (1,87 m). Ensuite, Sarkozy vole le dernier mot à l'invité de la France avant de poser sa main sur lui, sans doute pour indiquer au monde qu'il est bien son boss et non l'inverse.

Obama n'a pas bronché. Il est vrai que le président américain avait beaucoup à se faire pardonner. Il venait de commettre une blague en forme d'impair : après avoir félicité devant la presse Sarkozy pour la naissance de sa fille Giulia, il avait souhaité qu'elle ressemblât à sa mère plutôt qu'à son père...

Il y a chez Sarkozy beaucoup de Forrest Gump, l'homme qui court après ses jambes, et c'est peut-être ce qui a tant exaspéré les Français pendant les cinq ans qu'ils viennent de passer, essoufflés, à essayer de le suivre. Ils reconnaissent la dextérité et le professionnalisme du président sortant. Ils ont approuvé à une immense majorité sa gestion de l'affaire Merah mais ils ne supportent plus ce personnage, aussi lunatique qu'amnésique, qui pourrait reprendre à son compte la plupart des devises de son avatar américain : « La vie, c'est comme une boîte de chocolats, on ne sait jamais sur quoi on va tomber. » Ou encore : « Je courais toujours pour aller partout, mais je ne pensais pas pour autant que ça allait me mener quelque part. »

20
La grande faute de Nicolas S.

> « Un cheval ! Un cheval ! Mon royaume pour un cheval ! »
>
> William SHAKESPEARE

Pourquoi Nicolas Sarkozy n'a-t-il pas envoyé François Fillon au combat à sa place ? Parce que, comme d'habitude, il a cru en son étoile et laissé parler son narcissisme. À ceux qui l'auraient accusé de se défiler, il lui suffisait de répondre qu'il entendait respecter au moins une de ses promesses de 2007 : celle de ne pas briguer un second mandat. Telle est sa faute.

Il s'était pourtant engagé, la main sur le cœur, les yeux dans les yeux. Avant qu'il accède à l'Élysée, je l'ai entendu, comme tout le monde, jurer tant de fois : « Moi, je serai le premier président à quitter le pouvoir de mon plein gré. Je n'ai pas l'intention de m'incruster, très peu pour moi. Un seul mandat suffit, il y a quelque chose d'obscène à s'accrocher au pouvoir comme l'ont fait Chirac ou Mitterrand, ils en devenaient pathétiques. Je ferai mes réformes en cinq ans et, ensuite, je partirai faire de l'argent, vous n'entendrez plus parler de moi. »

Mais non. Sarkozy n'a pas pu résister à l'envie de rester au pouvoir. Il a manqué de jugeote, d'altruisme, d'abnégation. Il s'est montré une fois encore incapable de désintéressement. Il ne pouvait souffrir l'idée de n'être plus à l'affiche, à la télévision matin, midi et soir, célébrité perpétuelle, démiurge miniature, posant pour l'Histoire. François Fillon eût été un bien meilleur candidat que lui : depuis le début du quinquennat, il était beaucoup plus populaire que le président. Il inspirait le respect et la confiance aux Français.

C'est par égotisme que Nicolas Sarkozy est entré dans le piège qui s'est refermé sur lui. Par égotisme, inconscience et inconséquence. La popularité de son Premier ministre montrait bien que c'était moins son bilan que la personnalité même du président sortant qui était honnie par le pays.

Bilan du sarkozysme présidentiel.

Son bilan était-il au demeurant si exécrable ?

À ce stade, je vous dois un mea culpa, vous qui lisez ce livre et à qui il me faut dire toute la vérité. Même si ma mère m'a donné naissance loin de la terre de France et que tous les sangs du monde ou presque coulent dans mes veines, je suis furieusement français. Un mauvais coucheur qui n'est pas fait pour le bonheur. Un monarchiste refoulé qui veut décapiter le roi dès qu'il est monté sur son trône. Un dénigreur professionnel (« Bravo ! Nous ne savons même pas le dire en français », note à juste titre Jules Renard). Oui, il y a un Mélenchon qui sommeille en moi.

C'est pourquoi j'ai souvent été très injuste avec Nicolas Sarkozy. Honte à moi, pardonnez mon aveuglement et mes emportements. Il suffit de gratter un peu et, derrière la croûte de ses dérives personnelles, on trouve en effet un bilan qui n'est ni insipide ni insignifiant.

Sans doute Sarkozy a-t-il trop aimé la gloire mais il ne méritait pas l'indignité nationale. Je ne parle ni de sa morale ni de son rapport à l'argent, mais de sa politique. Aussi ridicule que génial, cet homme a beaucoup moins réformé qu'il le dit, mais plus que l'assurent ses adversaires. En tout cas, un peu plus.

Récapitulons les grandes mesures du sarkozysme :

– L'autonomie des universités qui a permis à ces dernières d'entrer enfin dans la compétition internationale, les laissant notamment plus libres de leur recrutement et des rémunérations de leurs professeurs.

– Le crédit impôt recherche de 30 % sur les dépenses des entreprises, qui a donné un coup d'accélérateur à l'innovation, donc à la compétitivité française.

– La question prioritaire de constitutionnalité grâce à laquelle un justiciable peut vérifier si la loi qu'on lui oppose est bien conforme à la Constitution, ce qui donne au Conseil constitutionnel un rôle proche de celui de la Cour suprême aux États-Unis.

– Le service garanti des transports terrestres qui oblige les grévistes à se déclarer quarante-huit heures à l'avance afin de donner aux entreprises le temps de les remplacer.

Après ça, je rame. J'ai beau chercher, je ne trouve pas grand-chose en dehors de quelques réformes de moindre importance. À ma liste, Nicolas Sarkozy ajouterait le rallongement de l'âge légal de la retraite de soixante à soixante-deux ans, mais c'est une réforme de ministre des Affaires sociales, non de chef d'État, et il eût mieux valu le reporter à soixante-trois ou soixante-quatre ans, comme le souhaitait François Fillon.

Comment Nicolas Sarkozy a gâché une occasion historique de supprimer les 35 heures.

Petit président, petit bilan ? On n'ira pas jusque-là mais, à l'évidence, il y eut souvent, pendant ce quinquennat, beaucoup de bruit pour peu. Le règne de Nicolas Sarkozy aura ainsi laissé beaucoup moins de traces que celui de Valéry Giscard d'Estaing qui, malgré les crises qu'il eut à affronter, fut l'un des plus grands réformateurs de la Ve République. La France qu'il a rendue n'était pas la même que celle qu'il a prise.

L'une des grandes fautes de Nicolas Sarkozy aura notamment été de maintenir les 35 heures, fléau national, en prétendant contre toute évidence les avoir supprimées avec l'exonération des charges sur les heures supplémentaires, avant de se raviser in extremis et d'annoncer, à quelques mois de l'élection de 2012, qu'il comptait les liquider.

Comment peut-on mettre fin à quelque chose qui n'existe plus ? On ne peut résoudre ce mystère si on n'a pas compris la vraie nature de Sarkozy : ses vérités sont éternelles, mais jusqu'au lendemain seulement.

Au printemps 2008, alors qu'elle bouclait la négociation avec les syndicats sur la réforme de la représentativité syndicale, Laurence Parisot, la patronne du Medef, avait dit à Bernard Thibault, le numéro un de la CGT, et à Jacques Chérèque, celui de la CFDT : « C'est une grande avancée pour les syndicats. Mais pour que la pilule passe mieux dans mes troupes, j'ai besoin, en échange, de quelque chose pour les entreprises. J'aimerais qu'on ajoute que la durée du temps de travail peut être renégociée entreprise par entreprise. Pour qu'on en finisse avec la durée nationale de 35 heures. »

Bernard Thibault et Jacques Chérèque signent dans le plus grand secret. Même s'ils ne l'ont jamais dit publiquement, ils n'oublient pas que la réforme des 35 heures leur a été imposée, sans concertation, par Martine Aubry, sous le gouvernement Jospin. Une renégociation du temps de travail, entreprise par entreprise, leur semble, au surplus, moins périlleuse maintenant que la réforme de la représentativité syndicale les a renforcés.

Quand Laurence Parisot appelle Nicolas Sarkozy pour lui annoncer la bonne nouvelle et lui dire qu'il ne reste plus qu'à assurer la transposition législative de l'accord, le président lui répond : « On ne peut pas faire ça, voyons, c'est même inutile puisque j'ai supprimé les 35 heures ! »

Pourquoi Sarkozy a-t-il refusé de passer à l'acte alors que tout le monde y était prêt ? Par narcissisme, parce qu'il n'était pas à l'origine de l'accord ? Par aveuglement, parce qu'il s'était convaincu lui-même qu'il avait vraiment supprimé les 35 heures ? Par couardise, parce qu'il redoutait les réactions de la rue ?

En tout cas, il a laissé passer une occasion historique, et l'accord du Medef avec les deux grands syndicats sur les 35 heures dort toujours dans le coffre du patronat.

François Fillon : « Sarkozy a l'air d'un type violent, il vous menace mais il ne vous tue pas. »

Une histoire édifiante. Pendant cinq ans, Nicolas Sarkozy a ainsi épuisé son charisme dans l'inconstance, l'accessoire ou le superfétatoire. Sans doute parce que tout, chez lui, est discontinu. L'action, la pensée, la stratégie, qui ne semble jamais pouvoir durer plus de quelques secondes.

Dès 2007, quelques jours après son arrivée à l'Élysée, un intime et homme lige du nouveau président, sarkozyste de la première heure, m'avait prédit ce fiasco :

« Pour la rapidité de réaction, il y a chez lui quelque chose de napoléonien et c'est pour ça que je l'admire. Pour le reste, c'est une espèce de papillon sans tête ni antenne, incapable de se fixer, qui ne sait pas où il va. Il ne pourrait même pas être maire d'une grande ville, Neuilly, dont il a dirigé la municipalité, n'en étant pas une, mais simplement un quartier riche de Paris. À la tête d'une grosse commune, Nicolas commencerait par édifier un pont qu'il n'achèverait pas pour bâtir une école dont il abandonnerait la construction afin de se consacrer à une nouvelle rocade qu'il laisserait en plan et ainsi de suite. Sans parler des effets d'annonce, plusieurs fois par jour. Au terme de son règne, toute l'agglomération ressemblerait à un immense chantier où tout serait commencé et où rien ne serait fini. Je crains que la France ne ressemble à un chantier de ce genre quand il quittera le pouvoir. Il ne sait pas terminer les choses. »

Laborieux dans le long terme, il n'est jamais meilleur que dans la gestion des crises, heure par heure, comme lors du grand séisme financier de 2008 où il a fait des étincelles. Même s'il a beaucoup enduré sous le joug sarkozyste, François Fillon le reconnaît sans ambages : « Il y a quelque chose qu'on ne peut pas lui retirer. Dès que la situation devient grave, cet homme ne fait plus de conneries. Il se concentre, il prend du recul, puis il dit : "J'ai une intuition." Il la suit et elle est souvent très bonne. C'est dans ces moments-là qu'il force le respect. »

Si Fillon lui reconnaît des torts, c'est d'abord en matière de gestion humaine. Tout au long de son quinquennat, il ne se passa pas de journée sans que le président ne bavât sur une de ses innombrables têtes de Turc, de Patrick Devedjian, président du conseil général des Hauts-de-Seine, à Augustin de Romanet, patron de la Caisse des dépôts et j'en passe. C'est un des grands travers de Sarkozy : apparemment, ça lui fait du bien de dire du mal des gens, fussent-ils ses dévoués compagnons.

« Chirac, dit Fillon, donnait l'impression d'être un type sympa, il vous prenait le bras, il vous faisait des risettes et puis il vous tuait par surprise, dans un coin, sous un porche. Sarkozy a l'air d'un type violent, il vous menace, il vous agonit d'injures, mais à la fin, il ne vous tue pas, il n'essaie même pas. »

Le 10 avril 2012, quand je retrouve François Fillon à Matignon où il vit ses derniers jours de Premier ministre, je suis frappé par son calme incroyable, alors que tout vacille autour de lui et que la défaite de Nicolas Sarkozy paraît assurée. Le pouvoir ne l'a pas changé. Il a toujours l'œil malicieux et, aux lèvres, le petit sourire de l'enfant de chœur déniaisé. Il a tout ce qui manque à Nicolas Sarkozy : l'esprit de mesure, une normalité qui vaut largement celle de François Hollande, un dédoublement de la personnalité, le même que celui de mon ami André Frossard faisant, à la fin de ses jours, l'éloge de la schizophrénie : « J'ai une moitié de moi-même qui souffre à en mourir et l'autre qui s'en fout. »

Nicolas Sarkozy : « Ce que ça peut être emmerdant, les gens qui ont de la mémoire. »

Nicolas Sarkozy est tout sauf schizophrène. Cet homme est un bloc, comme disait Clemenceau à propos de la Révolution française. Jamais de sa vie, j'en suis sûr, il n'a pensé deux choses contradictoires en même temps, ce qui aurait pu lui éviter de commettre bien des bêtises. François Fillon, lui, est double. En ce moment, il a une partie de lui-même qui est totalement loyale au président et l'autre qui prépare déjà le coup d'après : la mise en œuvre de son « destin national ».

Alors que la catastrophe électorale s'approche, avec les haines et les trahisons afférentes, François Fillon garde l'esprit blagueur. Par exemple, après chaque nouvelle proposition du président sortant, il appelle Alain Juppé qui était supposé devenir le prochain Premier ministre :

« Dis-moi, comment tu vas faire, Alain ? Tu as trouvé l'argent pour ça ? »

Sourires aux deux bouts du téléphone.

Le Premier ministre charrie mêmement le chef de l'État. Un jour que Nicolas Sarkozy part en vrille contre les régulations en tout genre qui bloquent les énergies (« Il faut supprimer les normes ! »), le Premier ministre laisse tomber :

« À ta place, je ne continuerais pas trop sur ce registre. La plus grosse production de normes, c'est quand même nous qui l'avons faite avec le Grenelle de l'environnement. »

Alors, Sarkozy, sur le ton de la plaisanterie : « Ce que ça peut être emmerdant, les gens qui ont de la mémoire ! »

Des deux chefs de l'exécutif, ce fut François Fillon, de loin, le plus fort. Mentalement, s'entend, car, pendant cinq ans, il n'a jamais eu la signature, comme on dit. Malgré ce que racontaient les commentateurs de Cour, le Premier ministre était le plus solide parce qu'il a toujours eu le recul qui manquait tant au président sortant.

Il n'y a pas d'intelligence vraie sans recul ni ironie, deux traits de caractère dont Nicolas Sarkozy est singulièrement dépourvu. Inconstant sur l'essentiel et intransigeant sur le dérisoire, il n'a à aucun moment compris le système qu'il était censé surplomber. C'est finalement ce qui l'a perdu.

Un mitterrandiste historique, qui est aussi un analyste clairvoyant, m'a un jour révélé l'une des grandes failles du sarkozysme présidentiel : « Mitterrand et Chirac savaient qu'ils n'avaient pas le pouvoir et donnaient le change avec subtilité. Sarkozy, lui, croit qu'il l'a. D'où le malentendu avec les Français et le climat de cour d'école qui s'est développé sous son règne. » (André Rousselet).

Ne supportant pas son impuissance, Nicolas Sarkozy fut ainsi un président comique et c'est sans doute ce qui a provoqué l'hystérie inouïe qu'il a lui-même alimentée pendant son quinquennat, menaçant, pourrissant, insultant la terre entière. Au point qu'il semblait souvent sortir, avec ses colères et ses trépignements, d'une bande dessinée comme *Iznogoud*.

La Révolution de 1789 est de retour en… 2012.

Il est à la peine. Le 12 avril 2012, à l'émission de David Pujadas, *Des paroles et des actes*, sur France 2, Nicolas Sarkozy a l'expression du politicien le jour où il songe que Churchill est mort, de Gaulle aussi, alors qu'il ne se sent pas lui-même en très grande forme. Le chef de l'État parle avec sérieux de son avenir qui, de toute évidence, est derrière lui, sous l'une des plus petites pierres tombales de la Ve République qu'il n'aura présidée que cinq ans, juste un peu plus que Georges Pompidou (4 ans, 9 mois et 12 jours), décédé en cours de mandat.

Même s'il suinte l'échec par tous ses pores, transpirant apparemment bien plus que d'ordinaire, la mort n'attrapera pas Sarkozy de son vivant. Il se bat avec une énergie qui impressionne même ses ennemis. Quand arrive, en fin d'émission, le moment de tirer les conclusions avec mon excellente consœur Hélène Jouan, je rends hommage au charisme du président sortant après avoir souligné l'intelligence de François Hollande, son successeur annoncé, le courage de François Bayrou, le prétendant à vie, et l'imbécillité des programmes économiques de la plupart des autres candidats qui, pour théoriser leur théologie du chèque sans provision, ont réinventé le miracle de la multiplication des pains et une nouvelle forme de transsubstantiation, consistant à transformer les dettes en dépenses nouvelles.

Soudain, j'avais après moi tous les roquets, hyènes et harpies de France. Je les avais bien cherchés et ils sortaient de partout, en claquant des mandibules, leurs gueules épanchant un mélange de bave et de bile. C'était jouissif.

Dans cette France de fin de campagne, on n'avait le droit de dire que du mal du président sortant et surtout pas des Sapeurs Camembert de la dette, qui prolifèrent à l'extrême gauche comme à l'extrême droite, et dont la bêtise, si elle devenait majoritaire en France, ne pourrait que creuser notre tombe.

En les taclant, je savais bien que j'allais déchaîner les aboyeurs pavloviens d'Internet, comme je l'annonçais dans mon petit numéro de ravi de la crèche, mais je ne m'attendais pas à recevoir, par la suite, de tels seaux et tombereaux d'insultes, notamment de la part des confrères de la bien-pensance, jusqu'à devenir numéro un mondial des tweets pendant une quarantaine de minutes. Des tweets orduriers pour la plupart, à ce qu'on me rapporta, mais, fidèle à mon arrogant personnage, je les ai traités par le mépris ; je n'allais quand même pas me baisser pour les ramasser.

Pour avoir commis le crime de reconnaître les talents du président sortant et bientôt battu, je fus même traité quasiment de « lepeno-sarkozyste » dans une chronique de *Libération* : c'était dire l'état du cerveau de tous ces automates que mes propos avaient remontés. Histrion, oui, mais ça, non. Pitié !

Après avoir proféré quelques évidences et pas mal de banalités, j'étais ainsi devenu reine d'un jour, le pitre honni, la chèvre émissaire de la lie que Jean-Paul Sartre définit comme « cette frange de ratés et d'aigris » qu'on retrouve dans toutes les nations. J'eus aussi mon lot de menaces de mort. « On sait où ta bagnole est garée, note ainsi finement un éditorialiste du site Aqui (« L'autre façon de partager l'information en Aquitaine »). Je ne vois pas pourquoi je me priverais de sortir la kalachnikov. » Je tairai son nom, par pitié.

C'était bien une preuve de plus que la France était tombée en pleine régression historique et intellectuelle. Nous étions en 2012 et la Révolution de 1789 était en marche ; rien ne pouvait l'arrêter. Robespierre était revenu, Marat et Fouquier-Tinville aussi, tous sortis du formol, avec leurs cohortes de hurleurs, de tricoteuses et d'ouvriers de la onzième heure.

À cause de son goût du lucre, de son amour des riches et de sa politique fiscale qui leur était si favorable, Sarkozy avait été, après la crise financière, l'un des principaux fauteurs de ce retour en enfance révolutionnaire. Sans s'en rendre compte, il avait démultiplié les ressentiments dans un pays où le mot argent fait vomir. La nostalgie de 1789 ou de 1793 surgissait sous chacun de ses pas. D'une certaine façon, en se faisant les pieds sur les gens de peu, il avait rallumé les braises robespierristes après que Mitterrand les eut éteintes. Il n'avait pas compris la France.

Toutes proportions gardées, sous le flot des critiques des braillards de la Révolution en marche, j'éprouvais un peu de ce plaisir masochiste que devait ressentir l'hérétique du Moyen Âge, convaincu d'avoir raison, quand les premiers relents de fumée parvenaient à ses narines, sur le bûcher où l'avait envoyé le tribunal du Saint-Office de l'Inquisition. Les révolutions sont des récréations qui tournent mal. Mais il n'y avait rien à craindre de celle que prônaient mes atrabilaires contempteurs : la leur ne serait jamais que virtuelle et bavarde.

Le lendemain de l'émission, je reçus un coup de téléphone de Sarkozy. Après qu'il m'eut remercié pour mon jugement, la veille, sur sa campagne, je répondis sur le ton de la vierge effarouchée :

« Ne me remercie pas. Je suis simplement un type libre et indépendant qui dit ce qu'il pense.

— Je tiens quand même à te remercier.

— Tu sais, le journaliste qui a dit ça, hier soir, c'est le même type libre et indépendant que tu as poursuivi avec une hache pendant cinq ans.

— Il faudrait qu'on se voie vite et qu'on vide cette querelle.

— C'est inutile. Jusqu'à ma dernière goutte de vie, je resterai ce type-là. Je te répète : libre et indépendant.

— En tout cas, je n'oublierai pas ton comportement à un moment où toute la presse se déchaîne contre moi. Tu as vu comment tes confrères m'ont traité avec ces images sans le son pour me nuire ? Ils n'auraient jamais fait ça avant.

— Écoute, je ne sais pas si tu as remarqué mais ils ont été très vaches avec Mélenchon.

— Toi, en tout cas, tu n'as pas participé à la curée contre moi. Je vais gagner, tu sais, et le jour venu, je saurai m'en souvenir. »

Que voulait-il dire ? Si j'avais bien compris son dernier mot, le président sortant me faisait une promesse. Un poste, une prébende, une décoration ou Dieu sait quoi encore. La faute de goût. L'erreur psychologique majeure.

Il était décidément incorrigible. Il n'y a pas si longtemps, j'aurais été révolté par autant d'indécence et de vulgarité, mais on ne se révolte pas contre les morts-vivants. Je ne relevai donc pas son impair et la conversation se termina courtoisement sans que j'élevasse la voix. Son tour était passé, les lumières allaient s'éteindre pour lui, il fallait le laisser clapoter en paix.

21
Gens bien et passions tristes

> « C'est une belle chose d'être honnête, mais il est également important d'avoir raison. »
>
> Winston CHURCHILL

De Gaulle a porté jusqu'à la fin des années 60 le cadavre de la France en faisant croire qu'elle était vivante. Depuis lors, on dirait que nos politiciens l'ont laissée se décomposer dans un cul-de-basse-fosse. Les odeurs ne trompent pas.

Les vers et les mouches prolifèrent sur sa dépouille mortelle et autour, avec ce mélange d'avidité et d'hystérie qui met toujours mal à l'aise les futures proies que nous sommes. On n'entend plus que leur grouillement et leur volettement : la France est devenue, si j'ose dire, leur terrain d'élection.

Montaigne écrivait jadis : « Mettez trois Français ensemble au désert de Libye, ils ne sont pas un mois sans s'égorger. » Une minute suffirait, aujourd'hui. Si notre pays est tellement à cran, ces temps-ci, il a une excuse. Il ne supporte pas de se voir dégringoler si vite la pente du déclassement. Comme toujours dans ces périodes-là, il est parti à la chasse aux boucs émissaires : le patron au foie engorgé, buveur du sang du peuple, le gueux qu'il faut assister et qui, en plus, n'en a jamais assez, l'étranger sans gêne qui n'a même pas frappé à la porte avant d'entrer, le goinfre de la spéculation qui tient le bon bout en jouant les philanthropes.

C'est mon ami le philosophe Michel Onfray qui, dans un article[1], a le mieux résumé la campagne en parlant de «fête pour les passions tristes», avant de rappeler la liste de toutes celles que Spinoza rangeait sous cette expression : «haine, honte, mépris, douleur, mélancolie, horreur, aversion, dérision, désespoir, dédain, crainte, humilité, déception, respect, pitié, appréhension, indignation, pudeur, envie, stupeur, colère, vengeance, blâme, cruauté, repentir, dépréciation de soi, jalousie».

Cette fois, on n'a pas eu droit, ou si peu, à la ferveur des combats politiques du passé. Encore moins à la joie, ce qui peut se comprendre, par les temps qui courent. À en croire Michel Onfray, ce sont bien ces «passions tristes» qui ont mené cette «foire aux vanités» et cet «exhibitionnisme des ego» que fut la campagne, même si les candidats ont pris soin de les dissimuler sous les grands mots : «le peuple, la nation, la justice, la liberté, l'égalité, la fraternité, la laïcité».

Que demande le peuple? C'est cette question qui me retient de jeter toutes mes pierres en direction des seuls politiciens. Bateleurs ou pas, ils vivent dans le même système que l'économie de marché, celui de l'offre et de la demande. Ils donnent à leurs salles ce qu'elles ont envie d'entendre. Si Jean-Luc Mélenchon a tant élevé le ton contre les riches, c'est parce qu'il y avait un public pour ça, qui réclamait des tirades toujours plus virulentes.

---

1. *Le Monde*, le 18 avril 2012.

Jacques Chirac dénonce le « cynisme » de la presse.

Quelques mois après sa réélection de 2002, Jacques Chirac m'avait demandé avec un faux air innocent pourquoi *Le Point* faisait, comme ses concurrents, tant de unes sur Nicolas Sarkozy, son ministre de l'Intérieur pour qui il nourrissait une certaine aversion.

« Parce que ça vend », avais-je répondu.

Le président s'était étranglé en roulant de grands yeux :

« Quoi ? Vous en êtes là ?

— Un journal, c'est une entreprise commerciale.

— En somme, vous donnez aux gens ce qu'ils veulent. Quel cynisme ! »

Je m'étais emporté :

« Vous êtes mal placés pour nous donner des leçons, vous les politiciens ! Citez-moi un seul d'entre vous qui ait osé braver le peuple ?

— De Gaulle.

— C'est l'exception. On pourrait aussi ajouter Barre, mais ça ne lui a pas réussi, ou encore vous-même quand, avec Juppé, vous avez décidé, en 1995, de redresser les finances publiques avant de battre en retraite devant des manifestations énormes. Tous autant que vous êtes, vous passez votre temps à écouter le peuple, à le flatter, à le suivre, c'est à croire que vous ne savez rien faire d'autre !

— La politique est un métier difficile.

— Le nôtre l'est aussi, figurez-vous. Si nous ne vendons plus nos journaux, nous perdons de l'argent et, dans la foulée, notre indépendance parce qu'alors, nous sommes condamnés à vivre de subventions ou sous perfusion. »

Pour avoir le dernier mot, je lui rappelai la formule de Raymond Aron qui disait que, dans un journal, le vrai pouvoir n'était pas détenu par le propriétaire, le directeur, le rédacteur en chef ou le journaliste de base, mais par le lecteur.

C'est une évidence qu'il arrive cependant à certaines rédactions d'oublier avant de mettre la clé sous la porte : sans lecteur, il n'y a plus de journaux.

« C'est une façon de voir, conclut Chirac qui ne voulait pas me laisser le dernier mot.

— Reconnaissez que, pour le monde politique, vous compris, le vrai pouvoir, c'est l'électeur… »

Le chef de l'État avait secoué la tête, mais sans piper mot, parce qu'il n'avait pas envie de poursuivre une conversation qui ne le menait à rien, étant lui-même l'incarnation caricaturale du politicien radical-socialiste aux petits soins de l'électeur. Ne parlait-il pas de le « protéger », mot pathétique qu'il employait à tout bout de champ et qu'il avait emprunté à Mitterrand avant qu'il soit repris par Sarkozy ?

C'est un mot que François Hollande aime aussi avoir en bouche. Il plaît aux Français et, depuis le début de sa campagne, le candidat socialiste a pris le parti de se conformer aux volontés de l'électeur. En tout cas, de l'électeur qui attend avant tout de l'État qu'il le « protège ». Il a, d'une certaine manière, changé de discours. Il s'est « chiraquisé ».

Un an auparavant, Hollande disait en petit comité que le redressement de la France passait, ce qui crève les yeux, par la réduction des dépenses publiques. Depuis qu'il s'est lancé dans la course à la présidence, il n'y a sans doute plus songé une seule fois intérieurement, de peur qu'on lise dans ses pensées. Mais je sais qu'il n'oubliera pas de s'en souvenir, le jour venu.

Mitterrand : « La canaille, vous la coupez, elle repousse toujours. »

Sur ce plan, tout le monde est sur la même ligne, dans l'équipe rapprochée de Hollande. Nous ne sommes pas en 1981 quand une nuée de flatteurs, d'idéologues et d'arrivistes avait tourné la tête de Mitterrand en lui expliquant qu'il pourrait tout changer en quelques mois. À force de les entendre le lui répéter, le nouveau président avait fini par les croire, pour son plus grand malheur.

Sans tomber dans l'angélisme, Hollande a toujours tenu éloignées pareilles engeances comme il a su mêmement, jusqu'à présent, décourager les fripons. Dans son entourage, on ne trouve aucun de ces personnages pas très nets qui, trente ans plus tôt, avaient accompagné Mitterrand dans sa conquête du pouvoir avant de défrayer la chronique judiciaire. Pas d'affairistes, ni d'entremetteurs, ni d'avocats marrons, ni de porteurs de sacs de voyage, pleins à ras bord de liquide, comme tous ces drôles que l'ancien président gardait par-devers lui, envers et contre tout, avec ce mélange de fidélité et de cynisme qui le caractérisait.

Dans le sillage de Hollande, derrière lequel accourent chaque jour de nouveaux suceurs de roue, lécheurs de moquette, flagorneurs de plume ou hyènes de Cour, j'ai beau chercher des coquins, je n'en trouve pas, du moins pas encore, parce qu'ils viendront à coup sûr avec les années, il n'y a aucun doute là-dessus, le pouvoir pourrissant tout.

« Ah ! La canaille ! me disait Mitterrand après un soupir, au soir de sa vie, en 1995, après avoir quitté l'Élysée. C'est comme la mauvaise herbe : vous la coupez, elle repousse toujours. Quand on est aux affaires, il y en a toujours un peu qui s'immisce sous les portes, même quand elles sont fermées à clé.

« — Mais êtes-vous sûr d'avoir bien fermé toutes les portes à clé ?

— Je ne pouvais pas passer mon temps à vérifier. J'avais autre chose à faire, vous comprenez.

— Ne regrettez-vous pas d'avoir souvent été laxiste en laissant faire vos amis peu scrupuleux ?

— Vous verrez, à partir d'un certain âge, on ne change plus d'amis. »

J'ai pu le constater, en effet : on leur passe tout et Mitterrand leur passait tout, les bassesses et les pas de côté, lui fussent-ils préjudiciables. Contrairement à une légende tenace et grotesque, colportée par les clabaudeurs de fin de règne, l'ancien président ne fut pas un prévaricateur qui s'était enrichi au pouvoir. Sinon, il y aurait eu un magot quelque part et, après sa mort, sa femme officielle n'aurait pas vendu des meubles et des bibelots de la maison familiale pour assurer ses fins de mois.

Certes, l'ancien président n'avait pas un sens moral suffisamment développé pour rompre avec ceux des siens qui avaient fauté. Il se fichait pas mal que ses affidés aient les mains un peu sales, pourvu qu'ils eussent des mains et qu'elles fussent à son service. Mais il ne leur facilitait pas le travail de rapine et jetait de temps en temps un œil par-dessus son épaule.

J'ai toujours entendu François Mitterrand louanger Roland Dumas, son courage, son intelligence, jamais une réserve, mais je me souviens aussi qu'il avait fortement dissuadé une veuve de mes amies quand elle envisagea de prendre son vieux compère comme avocat dans une grosse et juteuse affaire de succession.

Stéphane Le Foll, le menhir de l'Ouest.

On peut tout dire sur l'équipe de François Hollande, sauf qu'elle n'est pas composée de gens bien, propres sur eux et au-dessus de tout soupçon. Des âmes blanches. Des agneaux sans tache. Et j'exagère à peine. Où sont les pervers polymorphes ou les gros malins qu'accueillait la mitterrandie, à l'instar de Roland Dumas qui avait toujours deux ou trois coups d'avance ? Où sont les Guéant de demain ?

De toute la bande de Hollande, le moins célèbre n'est pas le moins passionnant : directeur de cabinet du député de Corrèze quand il était premier secrétaire du PS, de 1997 à 2008, député européen et spécialiste des questions agricoles, Stéphane Le Foll, proche d'entre les proches, ressemble à ces menhirs qui émergent, au milieu des brumes, de la campagne bretonne dont il est originaire. Une brute sentimentale, pleine de charme. Avec ça, sûr, franc et retors.

Fils d'une femme de ménage devenue postière et d'un postier devenu instituteur, Le Foll fait irrésistiblement penser à Mauroy, ce qui sous ma plume n'est pas un mince compliment. Un enfant de la République, titulaire d'un DEA d'économie, matière qu'il enseigna jadis dans un lycée agricole. Même s'il en avait les moyens, il n'a pas réalisé la grande carrière à laquelle il aurait pu prétendre : il a fait don de sa personne à Hollande dont il s'est amouraché dans les années 90. Il lui a tout donné. Sa vie, son temps, ses ambitions.

Compagnon idéal pour les guerres ou les batailles, fussent-elles perdues d'avance, Le Foll ne se prête pas, il se donne, et n'a peur de rien. J'ai le sentiment de sombrer dans l'hagiographie mais, même en grattant bien, je ne lui vois que des qualités. J'eusse aimé qu'il eût aussi quelques vices : en politique, ça aide.

Stéphane Le Foll a cru en François Hollande avant que François Hollande commence à croire en lui-même. Il est l'un des rares socialistes à avoir œuvré pour son « destin national » sans même qu'il leur donne le signal de départ. Même mort, il continuera à se battre pour son champion.

Moscovici, l'homme qui a tué DSK, le père qui l'avait déjà tué.

Pierre Moscovici, c'est un autre genre. Un mélange d'esthète, de tête d'œuf et de coureur de fond. En plus de ça, très cultivé. Il lit même beaucoup. Il est vrai qu'il est né dans les livres : son père, Serge, l'un des pères de la psychologie sociale, était l'ami de tout ce qui comptait dans l'intelligentsia, Claude Lévi-Strauss, Edgar Morin, Paul Celan ou Bernard Frank qu'il a tous connus tout petit.

Fruit des amours d'une mère communiste et d'un père apatride, juif roumain arrivé à Paris en 1947, Pierre Moscovici n'a rien du bourgeois de gauche à la Fabius auquel il arrive qu'on l'associe. Aussi loin qu'on remonte dans le temps, Pierre Moscovici n'a aucune origine française. Ses grands-parents maternels ne parlaient que le yiddish. C'est sans doute pour ça qu'il se croyait fait pour l'ombre où il se sentait si bien.

Deux hommes l'en ont tiré, Dominique Strauss-Kahn, son professeur à l'ENA, qui le repère, puis Lionel Jospin, qui, après sa sortie de l'École des Écoles, lui propose de devenir son conseiller technique au ministère de l'Éducation nationale où il a été nommé dans le gouvernement Rocard.

« Mais je ne vous connais pas, proteste Moscovici.

— Vous verrez que je suis un mec formidable ! rigole Jospin.

— Il faut que je vous dise aussi : je n'aime pas Mitterrand.

— Ah, ça, c'est plus emmerdant. »

Tout en devenant l'un des piliers du groupe des experts du PS où il retrouve Hollande, Moscovici se met sous la coupe de Strauss-Kahn, son père en politique, avant de devenir l'un de ses principaux lieutenants. Jusqu'au 25 août 2008, quand il apparaît que son patron a passé un accord avec Martine Aubry, appuyant celle-ci pour le poste de premier secrétaire du parti, rendu vacant par la démission de Hollande, en échange d'un retour sur investissement en forme de soutien pour la présidentielle de 2012.

« Tu auras des problèmes avec Martine, objecte Moscovici.

— Avec elle, non, jamais, c'est impossible : elle est nulle. »

C'est à la suite de cet échange, et après plusieurs péripéties picrocholines, que Strauss-Kahn retire à Moscovici la direction de son courant au PS, qu'il lui avait laissée en location-gérance, pendant ses années FMI, avec l'idée de le reprendre pour la présidentielle. Il en donne subitement les clés à Cambadélis après avoir empêché son ex-fils spirituel de présenter une motion au congrès de Reims. Une histoire vieille comme le pouvoir, celle du dauphin assassiné.

« Dominique a peut-être pensé qu'à cinquante ans, je pouvais être en position de le tuer, raconte Moscovici. En tout cas, il m'a poignardé. En public et par surprise. J'ai vécu ça avec beaucoup de tristesse. »

Libre de ses obligations filiales, il fut l'un des premiers de sa génération à se mettre au service de François Hollande auprès duquel, comme directeur de campagne, il a joué le rôle ingrat de « régleur de problèmes » et d'« apporteur de solutions ».

La bonne tête d'électeur de Jean-Marc Ayrault.

Jean-Marc Ayrault, maire de Nantes, ville qu'il a métamorphosée, et président du groupe socialiste au Palais-Bourbon, fait aussi, comme Stéphane Le Foll, penser à Pierre Mauroy. Il inspire la confiance et respire l'honnêteté. Il est, de surcroît, très sérieux, sans crainte de faire ennuyeux. Il n'est pas là pour rigoler...

C'est un baron du PS avec une bonne tête d'électeur, aux traits certes un peu tirés, mais enfin, pourquoi ménager sa peine ? À cela, il faut ajouter une loyauté reposante, un caractère égal, une foi européenne de germaniste germanophile et un optimisme de bon aloi, qui lui fait répéter : « La France n'est pas le problème, c'est la solution. » Sans parler d'un sixième sens, grâce auquel il comprend tout, d'instinct, au premier coup d'œil. Les gens, les situations, les problèmes.

Il y a chez lui quelque chose du rouleau compresseur. Le sourire rare et le regard las, il n'est pas dans la séduction. Il ne s'emballe pas, il n'accélère jamais ses pas. Il porte sur lui le poids des ans et des dossiers. On dirait qu'il en a marre.

De toute son équipe de campagne, c'est peut-être Jean-Marc Ayrault qui a le mieux compris la vraie nature de François Hollande alors qu'il n'a jamais été, à proprement parler, un intime, ni même un affidé. Écoutons-le :

« François est quelqu'un de très pudique qui a peu d'affect et se dissimule toujours derrière l'humour. À mon avis, il se préparait depuis longtemps. Observez comment il s'est enraciné et, à l'image des grands politiques, n'a cessé ensuite de sillonner le pays. Comme tous ses ancêtres historiques, il s'intéresse aux gens ou aux villes comme aux hameaux qu'il visite, c'est un homme curieux de tout, d'un commerce agréable. Il est, de plus, très solide mentalement et physiquement. Quand tout va mal, ce n'est pas le genre à perdre les pédales. »

Quand Hollande « découvre » Valls.

Manuel Valls est l'une des découvertes de François Hollande pendant la campagne. Chaque fois qu'il m'en parlait, ses yeux s'allumaient et c'étaient toujours les mêmes mots qui revenaient dans sa bouche : caractère, concentration, rapidité, intuition.

« Manuel a vraiment quelque chose, répétait-il. Il m'a beaucoup étonné. » Jusqu'à présent, même si les deux hommes étaient d'accord sur le fond, on ne peut pas dire qu'ils s'appréciaient. Ils se sont trouvés. Sans doute parce que, pendant toute la campagne, Valls s'est mis, comme il dit, « dans la tête de François », en essayant de ne plus penser par lui-même.

Manuel Valls est une sorte d'incongruité dans le personnel politique. Devenu socialiste en 1980, français en 1982 et conseiller régional en 1986, il a la niaque de l'immigré de la première génération. « Je crois énormément en moi, a-t-il osé m'affirmer un jour. Il n'y a aucune responsabilité qui me fasse peur. Oui, aucune. Je ne dirai jamais : "Je ne suis pas capable." »

C'est un Catalan pur sang qui parle comme un Américain de fraîche date : aucun obstacle ne peut l'empêcher de tracer sa route. C'est aussi un produit certifié de la vieille culture européenne, qui a lu son premier livre sérieux, *Amok* de Stefan Zweig, à treize ans : « Quand tu es né espagnol, dans une famille d'artistes fauchés, sans télévision à la maison, tu ne vois pas les choses comme tout le monde. Par exemple, mon regard sur la France passe beaucoup plus par le roman que par la statistique ou la démographie. »

Ce qui ne l'a pas empêché de mettre en œuvre, avec Hollande et son équipe de campagne, la stratégie la plus primaire et payante qui soit : « On a démarré comme des brutes. Notre seul objectif, après ça, ce fut de tenir. Quant à trouver une dynamique, il suffit de rester dessus sans mollir et c'est ce qu'on a fait. »

La galaxie hollandaise.

Il me faut dire un mot aussi sur Michel Sapin, le copain de régiment, qui militait dans la deuxième gauche, celle où Michel Rocard, quand François Hollande était dans la première, celle de François Mitterrand et de Jacques Delors. Il est devenu si proche du député de Corrèze que ça tourne au mimétisme. À cause des intonations de sa voix mais aussi de ses réflexes sur les dossiers : «Très souvent, reconnaît-il, il m'est arrivé d'apporter aux mêmes questions les mêmes réponses que lui, avec les mêmes mots, sans que nous nous soyons concertés auparavant.» François Hollande a murmuré ici ou là qu'il le verrait bien, un jour, Premier ministre.

La galaxie hollandaise comprend encore d'autres personnages, comme Jean-Pierre Jouyet, l'ami de toujours, celui qu'on appelle le soir quand on ne peut plus rentrer chez soi, François Rebsamen, le maire de Dijon, au regard transperçant, Faouzi Lamdaoui, à la vie, à la mort derrière son chef, ou encore Bruno Le Roux, député de Seine-Saint-Denis, Bernard Cazeneuve, le maire de Cherbourg, André Vallini, sénateur de l'Isère. Des gens bien, tous autant qu'ils sont.

Ne souriez pas et rassurez-vous, je ne suis pas en train de devenir nunuche sur le tard, je n'en ai plus l'âge. J'ai souvent vu, dans ma vie de chroniqueur ou journaleux, des personnages remarquables que le pouvoir et ses deux mamelles, l'argent et la vanité, ont très vite transformés du tout au tout, pour en faire des zombies rongés par les «passions tristes» qu'a énumérées Spinoza. Prudence.

Le pouvoir salira-t-il tous ces gens bien ? C'est la question qu'on est en droit de se poser au moment où s'ouvrent sur eux, en principe pour cinq ans, les portes des palais officiels. Tandis que grincent déjà les gonds des grilles, avant que leurs pas crissent sur les graviers qui mènent au perron, je me demande s'ils ont bien pris la mesure de ce qui les attend.

Hollande et les siens sont des mâles blancs qui, en dehors de Valls, Moscovici et Lamdaoui, tournent autour de la soixantaine. Pendant la campagne, ils n'ont pas dit toute la vérité, mais ils la connaissent et ça les tourmente un peu. Car ils ont des valeurs. Peu ou pas de vices. Aucun d'entre eux n'est au demeurant préposé aux manipulations et à la face glauque de la politique. Même si ce ne sont pas des anges, ils semblent croire que le pouvoir n'est pas, contrairement à ce que dit Balzac, une « conspiration permanente ». Ils rappellent, à certains égards, l'équipe d'un des présidents les plus intelligents de l'histoire des États-Unis, selon Henry Kissinger, expert en la matière : Jimmy Carter, que les États-Unis ont élu en 1976 pour tourner la page des années Nixon.

Très intelligent mais très candide aussi, il voulait changer la politique. Il s'est pris les pieds dedans.

22
Seul

« Sans échec, pas de morale. »
Simone de BEAUVOIR

Quand, dans les années 70, jeune journaliste au *Nouvel Observateur*, je déjeunais en tête à tête avec Chirac ou Mitterrand dans de petits restaurants de province, où je noircissais frénétiquement mes cahiers à spirale, il y avait toujours un fâcheux qui, à un moment donné, souvent dès le hors-d'œuvre, venait interrompre leurs confidences pour une demande d'intervention. Un emploi pour le petit, un permis de construire qui restait bloqué ou une place dans une maison de retraite pour la vieille.

L'un et l'autre semblaient passionnés par ce que leur racontait l'importun, au point que je me demandais s'ils ne fuyaient pas mes interrogatoires qui auraient pourtant pu nourrir leur postérité. Souvent, ils l'invitaient même à s'asseoir à notre table et prenaient des notes, tandis que d'autres raseurs s'amenaient, l'air enfariné. Les grands hommes les attirent comme des mouches. Les discussions se prolongeaient. Qui a connu cela ne peut disserter longtemps sur le cynisme des politiques, du moins des présidents. Pour la plupart, ils aiment les gens. C'est leur métier.

Rocard n'entrait pas dans cette catégorie. Après que Mitterrand l'eut viré de Matignon, en 1991, j'avais décidé qu'il serait le prochain président de la République et j'entrepris un gros travail biographique que j'interrompis le jour où je le vis faire campagne. C'était sur le marché de Conflans-Sainte-Honorine, quelques semaines avant les législatives de 1993. Il pleuviotait et, sous la brouillasse, il avançait, le regard fuyant, celui que j'avais quand j'étais serveur et que la clientèle s'impatientait, la tête rentrée dans les épaules, sans jamais sortir les mains des poches de son imperméable camusien. Il m'avait suffi de cette image pour que je fusse convaincu qu'il n'arriverait à rien.

J'ai retrouvé la même image au meeting de Nicolas Sarkozy, place de la Concorde, le dimanche qui précéda le premier tour. Le président sortant a bien serré des mains, mais très vite, à la sauvette, sans regarder les gens dans les yeux, leur suggérant qu'ils lui faisaient perdre son temps, avant de filer à l'anglaise. J'ai eu la confirmation du malentendu avec les Français : il ne les aimait pas, il ne les avait jamais aimés, il avait simplement fait semblant.

Au même moment, à Vincennes, François Hollande semblait faire l'amour avec la foule des militants et des sympathisants. Je ne sais trop qui étreignait l'autre, mais bon, l'exercice a duré plus d'une heure et ce corps à corps m'a rappelé ceux qu'effectuait Chirac pendant ses campagnes électorales et même après, quand il en avait l'occasion, notamment au Salon de l'agriculture. Un mélange de chosette et de baiser Lamourette. Une fusion d'haleines, de sueurs, de cheveux. Une partouze géante.

Wauquiez à Sarkozy : « Va te faire foutre ! »

Nicolas Sarkozy s'est battu jusqu'au bout avec un cran fascinant, en jouant sur tous les ressorts de son charisme. S'il s'est replié sur lui-même, en cette fin de campagne, c'est sans doute parce qu'il sait ce qui l'attend. La curée, l'ingratitude et la solitude. Il va lui falloir apprendre à ne plus être au centre de tout, avec sa Cour, et à être humilié lui-même au lieu de blesser sans arrêt les autres. Il en a déjà fait l'expérience, quelques mois plus tôt, quand son ministre Laurent Wauquiez, qui avait monté toute l'opération, a refusé de le laisser recueillir, seul, les fruits du sauvetage de l'entreprise Lejaby, dans sa région. Au chef de l'État qui lui intimait l'ordre de ne pas s'y rendre le premier pour célébrer son succès, ce futur présidentiable répondit par une expression qui doit résonner encore dans sa tête, longtemps après, et qui allait résumer le sentiment de tant de Français dans les urnes : « Va te faire foutre ! »

C'est ce que lui disent désormais les regards de maints caciques de la majorité qui attendent de lui faire payer toutes les humiliations passées. Alors que, comme on l'a vu, le syndrome de Carter guette François Hollande et son équipe, Nicolas Sarkozy est atteint, lui, par la maladie de Nixon, le prédécesseur de Carter, avant que le scandale du Watergate l'emporte dans les décharges de l'Histoire.

La maladie de Nixon : un enfermement psychologique doublé d'une tendance au complotisme et à la paranoïa. C'est ainsi que Nicolas Sarkozy n'écoute plus que Patrick Buisson, son docteur Folamour, qui a pris le contrôle de son cerveau. Un personnage très cultivé, transfuge de l'extrême droite, grand détecteur de conspirations et amateur de ces longs manteaux de cuir noir qui rappellent fâcheusement les années noires de l'Occupation nazie. Son secret consiste à rassurer continuellement le président sortant.

Ces temps-ci, Nicolas Sarkozy a besoin de preuves d'amour. Le 21 avril, il fond quand il entend Jean-François Copé, le patron de l'UMP, loyal jusqu'à la fin, lui déclarer, dans son bureau de l'Élysée :

« Tu me connais, je ne suis pas un flagorneur, mais je dois te dire que j'ai été bluffé par ta campagne, ton courage, ta solidité psychologique. »

Alors, Sarkozy, avec une émotion contenue :

« Je n'oublierai jamais ton engagement dans cette campagne. »

C'est une formule qu'il répète beaucoup ces temps-ci, pour motiver ses troupes, comme s'il allait être en mesure de leur rendre bientôt la monnaie de leur pièce. Il ressemble à un boutiquier qui prétend assurer le service après-vente du magasin qu'il va bientôt fermer.

Le 22 avril au soir, alors que, dans son camp, le deuil devrait être de mise, le président sortant se réjouit même des résultats du premier tour qui le placent pourtant derrière Hollande, avec 27,18 % des suffrages contre 28,63 % pour le candidat socialiste. « C'est totalement inespéré, s'écrit-il, on a toutes nos chances, la droite est majoritaire dans le pays ! »

Du Buisson pur jus : l'âme damnée du chef de l'État a trouvé que, en additionnant les voix du centre et de l'extrême droite, Sarkozy pourrait l'emporter. Sur le papier, la victoire est en effet à portée. Sauf qu'elle est impossible. Pour ce faire, il faudrait que le président sortant s'allie avec le Front national qui a juré sa perte. Qu'importe, entre les deux tours, il ira chercher les voix de ses électeurs « avec les dents », quitte à flatter la partie la plus vile de l'inconscient collectif et à faire la course aux idées rampantes.

La chute de la maison Sarkozy.

Tout est bon dans le cochon, l'immigration comme l'insécurité, et qu'importe l'indigestion. Même s'il est lamentable de comparer Sarkozy à Pétain, Laval ou Hitler, comme certains l'ont fait, je répugne à reprendre ses déclarations et celles de ses ennemis pendant l'entre-deux-tours, de peur de salir davantage ces pages que j'ai déjà remplies de tant de saloperies.

Sans doute la hargne nourrit-elle la hargne, mais il est temps de siffler la fin de la lapidation, alors que sonne le glas de son règne. Laissons-le pérorer tout seul dans son coin, il ne peut plus faire de mal à personne. Même s'il fut un fauteur d'hystérie et qu'elle se retourne aujourd'hui contre lui, Sarkozy a eu son compte, le comble étant l'entretien de Dominique Strauss-Kahn dans un quotidien britannique où, à une semaine du second tour, l'ancien patron du FMI explique sans rire que ce sont des «agents» du président qui ont orchestré l'affaire du Sofitel de New York, dans laquelle il a été accusé de viol par une femme de chambre : «Je n'ai tout simplement pas cru qu'ils iraient si loin [...]. Je ne pensais pas qu'ils pourraient trouver quelque chose capable de m'arrêter[1].» Le comique !

Il y aura même des Français pour prendre au sérieux ces propos risibles, tant leur détestation de Sarkozy leur a fait perdre la raison. À leurs yeux, le président sortant est le grand et satanique démiurge, coupable et capable de tout, y compris d'incitation à la débauche sur sexagénaire libidineux.

Faut-il le plaindre ? La vérité d'un homme apparaît toujours le jour de sa mort. Pour un politicien, le jour de sa mort politique. C'est avec cette dernière que Nicolas

---
1. *The Guardian*, le 27 avril 2012.

Sarkozy a rendez-vous maintenant et, de toute évidence, après son virage ultra-droitier, sa vérité n'est pas belle à voir ni bonne à sentir, à observer tous ceux qui, dans son camp, se bouchent le nez, de Patrick Devedjian à Jean-Pierre Raffarin.

C'est à croire que tout Sarkozy se résume dans cette formule de Georges Bernanos, condamnant le cynisme et la niaiserie des politiciens de la IIIe République, dans *Scandale de la vérité* : « Toute canaillerie qui sert est bonne, et bran pour la morale ! »

La victoire vaut-elle plus que l'honneur ou la morale ? Ce n'est même pas la question : la stratégie suicidaire du président sortant, inspirée par Patrick Buisson, est d'autant plus pathétique qu'elle est condamnée à l'échec. Une élection présidentielle se joue toujours en deux temps : au premier tour, on travaille son « noyau dur » ; au second, on ouvre et on rassemble.

Au lieu de quoi, le cerveau en bouillie devant l'échec annoncé, Sarkozy se débride et se caricature lui-même, offrant le spectacle hideux du politicien prêt à tout pour garder son assiette à la table du pouvoir. Une conduite d'échec : pantin démangé par la haine, écumeur de caniveau et mystificateur de maternelle, le président sortant mène au second tour une campagne de premier tour, il confectionne lui-même le linceul dans lequel il sera enseveli sous les crachats, quelques jours plus tard.

Il s'est assassiné lui-même en jetant tout par-dessus bord, les valeurs, les principes, comme le capitaine d'un bateau qui coule, pour retarder le naufrage. En légitimant le discours de l'extrême droite, il a de surcroît mis la droite en état de danger maximum.

C'est que Marine Le Pen, qui a obtenu près de 18 % des suffrages au premier tour, n'a qu'un objectif en tête : détruire la droite et la refonder autour d'elle et de son projet, sous un nouveau sigle, pour la prochaine présidentielle ou celle d'après : à quarante-trois ans, elle a tout son temps. Ce sera la croix que devront porter les successeurs du président battu à la tête de l'UMP.

Marine Le Pen : « Un jour, je serai présidente. »

Marine Le Pen a du chien et de l'avenir. Le 10 septembre 2010, je l'avais reçue à l'émission *Semaine critique* sur France 2 et, pendant la chronique anti-lepeniste et hilarante de Nicolas Bedos, je sentais qu'elle se concentrait pour ne pas éclater de rire. Quand je lui en fis la remarque, alors que nous sortions du studio, elle laissa tomber : « C'était un supplice, j'avais envie de me marrer comme une baleine et je ne voulais pas que mon père ou mes électeurs me voient rigoler à ces obscénités ! »

Sa réponse me parut tellement inattendue que je l'invitai à boire un verre avec nous. Pardon, l'honnêteté m'oblige de le reconnaître, des verres de vin car, quand je commence, je ne m'arrête plus tant que je ne ressens pas cette divine griserie qui m'emporte si loin et qui, souvent, me fait dire : « Si j'étais riche, je boirais tout le temps. » Il y a toujours une bonne raison de picoler, quand on est bien ou quand on est mal.

Marine Le Pen aussi avait une bonne descente. C'était un mauvais bordeaux mais enfin, quand on part en voyage, on ne mégote pas toujours sur la qualité des trains. Le vin aidant, elle m'avait dit, je me souviens : « Un jour, je serai présidente.

— Vous n'aurez jamais la droite avec vous !

— Je l'aurai, parce qu'elle n'aura pas le choix. Vous verrez, le moment venu, avec Copé ou un autre, on fera affaire ensemble.

— Allons, avec les idées de votre parti, ce ne sera jamais possible.

— Avec mes idées à moi, oui, ce sera possible. »

Quelques mois plus tard, dans un entretien avec le journaliste Saïd Mahrane, Marine Le Pen entamait son aggiornamento idéologique en déclarant à propos de la Shoah : « Tout le monde sait ce qui s'est passé dans les camps et dans quelles conditions. Ce qui s'y est passé est le summum de la barbarie[1]. »

Née en août 1968, Marine Le Pen ne refait pas sans cesse la Seconde Guerre mondiale, à l'instar des badernes plus ou moins psychopathes de son parti. S'adressant, comme au soir du premier tour, « aux patriotes de droite et de gauche », elle ne prétend pas reprendre la fonction tribunicienne de son père qui, à l'élection présidentielle de 2002, faisait la gueule quand il apprit qu'il figurerait au second tour. Elle joue la carte du parti populiste pour arriver demain au pouvoir, dans le cadre d'une coalition comme celle qui a gouverné l'Italie, autour de Silvio Berlusconi, avec l'Alliance nationale de l'ex-fasciste Gianfranco Fini et la Ligue du Nord du xénophobe Umberto Bossi. Sauf qu'elle se voit, elle, à la place de Berlusconi.

Face à ce char d'assaut, coiffé de cheveux blonds, tout dépendra désormais de l'habileté que sauront déployer les Copé, Fillon, Kosciusko-Morizet et tous ceux sur les épaules desquels est échu l'avenir de la droite. Une droite étourdie et groggy qui descend avec précaution, après le crash, de la cabine du Grand Huit sarkozyste, tandis que s'approchent à pas de loup les populo-lepenistes, pour lui faire les poches.

L'après-Sarkozy a commencé. Le président battu restera un cas d'école : il montrera aux futures générations que le caractère peut dévaster les destins des personnages les plus

---

1. *Le Point*, le 3 février 2011.

doués. Cet homme avait tout pour réussir, avant tout le charisme. Il lui a manqué quelques qualités comme la sincérité, la générosité, la bienveillance. Il lui a manqué aussi le vice de la prudence ou la volupté du silence.

Il mourra comme il avait vécu : en parlant. Il est même probable qu'il parlera encore longtemps après sa mort.

23
Épilogue

C'est avec une appréhension non dénuée d'angoisse que François Hollande se prépare à monter les marches de l'Élysée tandis que Nicolas Sarkozy fait ses cartons. L'un, talent sans génie, accablé par l'ampleur de la tâche à venir. L'autre, génie sans talent, anéanti par une fin de règne apocalyptique.

La chance de François Hollande a été de ne jamais se prendre pour François Hollande. La grande erreur de Nicolas Sarkozy fut de se croire Nicolas Sarkozy. C'est son himalayesque ostentation qui l'a perdu. Pas vraiment sa politique. Sinon, son Premier ministre, François Fillon, ne serait pas resté aussi longtemps à de tels niveaux de popularité dans les sondages.

Quand Nicolas Sarkozy dit des choses, il croit qu'il les fait. C'est sans doute son parlage perpétuel et compulsif qui l'a empêché de mettre en œuvre la stratégie qui s'imposait pour son quinquennat : commencer par assainir les finances publiques, comme l'y incitait Fillon, pour mieux préparer ensuite le retour de la croissance. Il est confondant qu'il n'ait pas été tenté de s'inspirer, au moins en partie, dès son arrivée au pouvoir, de la thérapie du chancelier social-démocrate Gerhard Schröder, qui avait si bien réussi à l'Allemagne.

Récapitulons. Le 14 mars 2003, alors que l'Allemagne est en récession, que son parc de chômeurs culmine à 4 millions et que 62 % de son budget fédéral est affecté au service de la dette ou aux dépenses sociales, Gerhard Schröder annonce au Bundestag un train de réformes de choc. C'est ce qu'il appelle « L'Agenda 2010 », qui, après une grande concertation dans le pays, refondera la donne sociale et, surtout, relancera la compétitivité de l'économie allemande en réduisant son coût du travail.

Quelques mesures phares :

– La loi sur la protection du licenciement ne s'applique plus dans les petites entreprises.

– La durée maximale du versement de l'allocation chômage passe de 32 à 12 mois.

– Les chômeurs sont pénalisés quand ils refusent un nouvel emploi, y compris si le salaire proposé est inférieur à l'indemnité chômage.

– L'âge légal de la retraite est porté de 63 à 65 ans avant de l'être à 67 ans en 2017.

– Les baisses d'impôts programmées (dans un premier temps, − 15 % pour les faibles revenus et − 42 % pour les plus hauts) sont maintenues, tandis que les allègements fiscaux sont réduits.

« L'Agenda 2010 » combine la diminution des charges, la réduction des impôts, la flexibilité du marché du travail et la baisse du train de vie de l'État. C'est cette médecine sévère qui provoquera la formidable renaissance de l'économie allemande dans les années qui suivent. Il y a certes beaucoup à dire sur ces mesures fort peu socialistes qui, outre-Rhin, ont fait exploser la pauvreté. De surcroît, elles ne sont pas toutes transposables, loin s'en faut, dans une France qui, comme chacun sait, n'est pas l'Allemagne et se trouve essentiellement peuplée de Français qui, pour paraphraser Cocteau, sont des Italiens de mauvaise humeur, toujours prêts à prendre la mouche et à descendre dans la rue pour défendre leurs intérêts.

Nicolas Sarkozy n'a pas osé « schröderiser », fût-ce un peu, son unique quinquennat. François Hollande, lui, commence son mandat lesté d'un programme qui, à bien des égards, n'est pas raisonnable : avec ses augmentations d'impôts et ses dépenses nouvelles, comme la création d'une allocation jeunes ou des embauches de fonctionnaires, c'est l'exact contraire de « L'Agenda 2010 ».

S'il est sans doute convaincu de son ineptie en son for intérieur, il ne le dira pas, même sous la torture, et donnera le change en attendant que les réalités s'imposent à son parti.

Mais il faudra bien que François Hollande rompe, d'une certaine manière, avec son programme s'il veut éviter que le pays ne finisse par rompre avec lui, quand l'économie française, déjà de moins en moins compétitive, sera totalement HS. Ses ennemis l'attendent tous au tournant : les marchés, l'économie, le social, l'extrême gauche et, *last but not least*, son parti où pas mal d'apparatchiks vomissent ce social-démocrate sans complexe, comme en témoignent ces surnoms déplaisants dont ils l'accablent depuis longtemps : « Fraise des bois », « Flanby », « Culbuto », « Guimauve le Conquérant », « Little Gouda », « Mollande »[1] et ainsi de suite.

François Hollande peut-il remettre la France d'équerre ? Rien n'empêche la gauche française d'avoir du cran et de la volonté, comme le montre l'histoire du département de Saône-et-Loire dont le conseil général est présidé par Arnaud Montebourg. Une sorte d'apologue aussi vrai qu'édifiant dont le héros est une étoile socialiste que l'on range généralement à la gauche du parti.

---

1. *Le petit Hollande illustré par l'exemple* par Hélène Jouan, Nouveau Monde Éditions, 2012.

La première fois que j'ai déjeuné avec Arnaud Montebourg, en 2006, je me suis dit que j'avais en face de moi un futur président de la République si les petits cochons ne le mangeaient pas. Depuis, je n'en ai jamais douté. Il a le temps pour lui, il n'est pas encore fini, et il assure. C'est un ogre, capable d'engloutir sept petits pains, en plus du reste, en un seul repas, de surcroît gros mangeur de viande ou de tripes, doublé d'une infatigable bête de somme avalant les kilomètres pour porter la bonne parole. Avec ça, vif, courageux et charismatique.

En 2008, Arnaud Montebourg hérite d'un département dans un état qui, toutes proportions gardées et la crise aidant, évoque celui de la Grèce deux ans plus tard. Une pétaudière financière. Papandréou local, il décide d'augmenter les impôts de 15 % et d'en affecter les recettes aux personnes âgées dépendantes. Surtout, il réduit la plupart des budgets du conseil général, comme ceux de l'agriculture (−40 %), des routes (−30 %) ou du social (−15 %). Les élus filent tous aux abris sur le thème : « On n'a pas été élus pour ça ! » Le président du conseil général met sa démission dans la balance et commence le travail en s'appuyant sur des jurys citoyens de seize personnes tirées au sort, encadrés par les associations. « Quand on fait de la politique, dit-il, il faut parler aux gens. Je viens les voir, je prends le temps, je discute, j'explique. Cette année-là, je n'ai pas arrêté. Résultat : nos électeurs nous ont compris et, aux cantonales de 2011, on a gagné deux cantons. »

Hollande : « Le temps des pubards, des fricards et des flicards, c'est fini. »

Alors qu'elle avance sur un sol qui se dérobe sous ses pieds, après trois décennies d'imbécillité financière, c'est en suivant des stratégies comme celle-là, à la Montebourg, que la gauche se sauvera. En tranchant tout de suite avec fermeté, au lieu d'attendre d'être emportée plus tard par la vague des marchés et la colère du peuple. Tel est le dilemme de Hollande.

Quelques jours avant l'élection, quand je rencontre Hollande dans le petit bureau modeste et vaguement bordélique de son QG, avenue de Ségur, il me semble qu'il a déjà gagné. La preuve, il n'est plus tout à fait le même. L'œil bienveillant, traversé parfois par des lueurs d'ironie, il ne met pas de distance entre nous mais son visage est désormais empreint d'une gravité que je ne lui connaissais pas. Elle monte ou descend, crispant ou relâchant ses traits, mais elle ne disparaît jamais.

Je suis sûr qu'il a ri, la première fois qu'il l'a entendue, à la formule amusante de Bernard Cazeneuve, le maire de Cherbourg : « Si on perd, on est mal. Si on gagne, on est mort. » Mais il a ri jaune. L'exubérance de l'inéluctable victoire ne peut tuer dans l'œuf son anxiété devant les travaux d'Hercule qui l'attendent. La crise financière, les houles boursières, la dépression nerveuse nationale, les mesures à prendre de toute urgence, les trahisons politiques à venir, les orages sociaux qui se lèveront fatalement contre lui.

Il a perdu sa légèreté et son impénitente espièglerie. Il n'est encore ni fourbu ni harassé, mais le pouvoir a déjà commencé à poser sur lui son masque et ses marques. Il y a aussi une espèce de nostalgie qui embrume son regard par intermittence, et j'en ai la confirmation quand il me dit que le pire souvenir de son existence lui est souvent revenu en tête, ces derniers mois : « C'était la mort de ma mère, il y a deux ans, après une longue et douloureuse agonie. J'y ai beaucoup pensé, presque tout le temps. En retournant, au hasard de la campagne électorale, sur tous les lieux de mon enfance, je me disais qu'elle aurait été si heureuse, elle attendait ce moment depuis si longtemps. »

Quand je lui demande ce qu'il a appris pendant la campagne, François Hollande répond sans hésiter : « La résistance aux coups, aux chocs, aux épreuves. Il faut affronter un nombre de polémiques incessantes, des tentatives permanentes pour vous décrédibiliser ou vous déconsidérer. Souvent, j'étais tenté de répondre et de rendre coup pour coup, au lieu de rester dans une splendide indifférence, mais je savais aussi qu'un climat de pugilat m'aurait été préjudiciable et que Sarkozy avait tout à y gagner. Comme des extraits de mes meetings étaient diffusés dans les journaux télévisés, je veillais donc à ne jamais utiliser dans mes discours le sarcasme ou l'ironie qui, à mes yeux, n'étaient pas appropriés. Si j'avais donné l'impression d'être un agité, un énervé, un excité, en montrant les crocs, je crois que j'aurais beaucoup perdu. »

Son modèle de président : Georges Pompidou.

Hollande ou l'homme qui se contrôle tout le temps. Le contraire de Strauss-Kahn et de Sarkozy qui, dans deux genres différents, l'un sur le plan sexuel, l'autre sur le plan verbal, sont incapables de retenir leurs organes. Son style n'a rien à voir non plus avec le leur et il aime le rappeler, comme quand il me demande par exemple : « Est-ce que tu as vu des nuées de communicants tournicoter autour de moi pour me donner leurs instructions, après avoir passé leurs sondages à la moulinette ? Je ne fonctionne pas comme ça. Le temps des pubards, des fricards et des flicards, c'est fini. Ce sont des campagnes à l'ancienne.

— Qu'aimerais-tu qu'on dise de toi dans cinq ans ?

— Qu'au moins sur le plan de la jeunesse, j'ai fait quelque chose. Une campagne électorale, c'est un acte d'amour entre un candidat et un pays. Quand tu as été élu, c'est que tu as été aimé. Il faut essayer de le rester, dans la mesure du possible. Je ne veux pas sortir détesté.

— Pour être aimé à la fin du mandat, dis-je, est-ce qu'il ne faut pas être détesté au début, parce qu'on a pris des décisions courageuses ?

— Un quinquennat, ça se joue en effet au début : on prend les bonnes ou les mauvaises décisions. Après, c'est trop tard.

— Que sera le style de la présidence Hollande ?

— Il faut de la solennité pour qu'il y ait du respect, mais la solennité n'est pas la componction ni la distance.

— Quel est ton modèle de président ? »

Il n'hésite pas une seconde :

« Pompidou. Politiquement, il était conservateur, mais je me reconnaîtrais volontiers dans sa pratique de la fonction : il avait compris quelque chose, c'était un président normal. »

De Georges Pompidou, le successeur du général de Gaulle à l'Élysée, Claude Imbert, le fondateur du *Point* qui le connaissait bien, a écrit un jour que son enfance languedocienne à pêcher la truite dans les eaux vives ou à lire ses premiers poètes couché dans la luzerne n'était sans doute pas pour rien dans « sa méfiance narquoise des mirobolants » et dans « son réalisme impavide du sens commun ». Même quand il eut investi les cercles compliqués de la société du Tout-Paris, il conservait « la distance cavalière d'un étranger du sérail ».

Claude Imbert se dit aussi frappé que Pompidou ait tant remué devant lui, à plusieurs reprises, « ce message de la sagesse antique, cette idée », disait-il, « d'apparence banale mais en vérité très profonde » que « l'hubris, sinon la démesure, est principal agent du Mal sur terre ». S'il y a une maladie que Hollande n'a pas, c'est au moins celle-là.

Quand je lui demande ce qu'il compte faire pour endiguer la marée des courtisans et des lèche-culs qui déferle déjà sur lui et qui pourrait carboniser sa présidence, comme elle en a détruit tant d'autres avant la sienne, Hollande sourit :

« Pendant cette campagne, personne n'est venu me demander un poste, même par sous-entendu. Tout le monde a été maintenu à distance. Quant aux lèche-culs, c'est une espèce que je ne connais pas, en tout cas pas encore. C'est normal : aucun, dans les petites coteries habituelles, n'avait fait le pari de ma candidature, encore moins de mon succès...

— Comment vois-tu la France maintenant ? »

Un silence, puis :

« Il y a un risque d'éclatement et de fragmentation à cause de la relégation, j'allais dire la séparation, d'une partie du pays : jamais on est allé aussi loin dans le ghetto. En même temps, il reste, pour nous rassembler, quelque chose de bien vivant qu'on appelle la nation. Même si ça n'a pas été noté par les médias, c'est la première fois, dans une campagne socialiste, qu'on chantait systématiquement la *Marseillaise* à la fin des réunions publiques. Eh bien, j'ai été étonné : tout le monde s'y mettait et les jeunes des banlieues n'étaient pas les derniers à l'entonner à tue-tête. »

En ces temps agités, il reste maintenant à savoir si ce nouveau président si présidentiel, affublé des parrainages de Pompidou, Mitterrand et Chirac, sera autre chose que son prédécesseur : une curiosité, un feu follet, un accident de l'Histoire. Seules les épreuves le diront et, dans son cas, on sait déjà qu'elles ne manqueront pas...

En attendant, lors de son face à face télévisé avec Sarkozy, le 3 mai, Hollande a prouvé qu'il savait soutenir les chocs. Après avoir commencé la campagne en rêvant d'une coalition avec Bayrou, il avait fini par devenir, depuis le meeting du Bourget, une sorte d'incarnation mitterrandienne de la gauche. Et voilà qu'il se transformait à nouveau, comme par anticipation, en président de tous les Français, voire en père du peuple ou de la nation, réduisant le président sortant, hagard et verni au mercure, au rôle de contradicteur d'escalier.

Au cours de ce débat, Hollande a dominé un Sarkozy darwinien qui a toujours eu une conception canine de l'humanité qu'il divise entre «dominé» et «dominant». Maintenant que les ennuis commencent pour le nouveau président, il lui reste à dominer son programme, son parti et, surtout, le pays.

Après avoir fait renouer la gauche avec la victoire en obtenant 51,62% des suffrages, François Hollande n'a pas le droit à l'erreur, et, à en juger par sa gravité le soir du second tour, il en est bien conscient.

Remerciements

J'ai commencé à écrire ce livre pendant la dernière semaine de janvier pour le terminer le 6 mai 2012 au soir. Sans la confiance de Teresa Cremisi, mon bon génie, et l'aide précieuse d'Alice d'Andigné, mon éditrice, je ne serais arrivé à rien.

Il me faut dire aussi ma gratitude à Jean-Marc Turc, le prince de la documentation, qui sait toujours retrouver les chiffres et les références que je recherche. Je veux également rendre hommage à Anavril Wollman et à Emma Saudin pour leur relecture minutieuse du manuscrit.

Enfin, je ne me lasserai jamais de remercier Françoise Vernat, Janusz Debicki et Omar Foitih qui, depuis si longtemps, veillent sur moi et à qui je dois tant. Sans oublier, bien sûr, tous les miens, y compris mes oliviers du Midi, qui m'ont autorisé à les tromper pendant trois mois et quelques, le temps de cette course de fond, au milieu des présidentiables de 2012 et d'avant.

Table

Prologue 9

1. Déjeuner à l'Élysée 13
2. Le bal des menteurs 20
3. Le fantôme de Mitterrand 31
4. François et François 40
5. Martine fait de la résistance 45
6. « Et moi, alors ? » 57
7. La montée du crépuscule 67
8. Le fils de Balladur 75
9. La faute à Chirac 84
10. La mort de Balzac 89
11. Mauvaise note 95
12. Devant le tribunal de l'Histoire 102
13. Bayrou et la fable de La Fontaine 110
14. La stratégie du « noyau dur » 116
15. Fort Apache 121
16. Tête de mort et calcul biliaire 128
17. Mélenchonisation 136
18. Le cadenas de la chattemite 146
19. L'homme qui court après ses jambes 153
20. La grande faute de Nicolas S. 162
21. Gens bien et passions tristes 174
22. Seul 187
23. Épilogue 196

Remerciements 205

Mise en page par Meta-systems
59100 Roubaix

CET OUVRAGE
A ÉTÉ ACHEVÉ D'IMPRIMER
SUR ROTO-PAGE
PAR L'IMPRIMERIE FLOCH
À MAYENNE EN JUIN 2012

N° d'édition : L.01ELJN000472.A003. N° d'impression : 82730
Dépôt légal : mai 2012
(Imprimé en France)